互联网+时代的企业危机管理

周锡冰 / 著

中国人民大学出版社
· 北京 ·

推荐序

不管愿不愿意提及，危机都如影随形地潜藏在企业之中，更不可能因为企业经营者的否认，企业危机就不存在。

不可否认的是，由于目前中国市场经营环境的复杂多变，许多中国企业正遭遇一场又一场的危机风波。这些环境变化包括全球经济一体化、金融危机导致需求锐减、国内宏观调控增强、银行信贷政策变动、通货膨胀和通货紧缩交替、市场竞争白热化、人民币升值或贬值、退税率上下变动、原材料成本上升、人工成本上升、消费者理性化等。

林林总总的不确定因素都可能使得中国企业遭遇各种经营风险，如融资困难、战略迷失、资本运作困难、人才流失、财务困境、产品质量问题、营销障碍、文化瓶颈、品牌危机、公众和消费者投诉、媒体负面报道、自然和社会因素影响、国际化风险等。因此，从这些危机事件可以看出，中国企业已经进入“危机高发期”，企业经营者如果不重视危机管理，一波又一波的倒闭潮必将接踵而至。

国家统计局公布的数据显示，在 2008 年金融危机中，倒闭中小企业 6.8 万家，下半年尤其是第四季度企业生存状况更加恶化。的确，在最近

几年里，许多企业遭遇了种种危机，如政策危机、领导人危机、战略危机、资本危机、人力资源危机、财务危机、产品危机、广告宣传危机、文化危机、品牌危机、信誉危机、公众客户危机、服务危机、媒体危机、政治危机、自然和社会因素危机、国际化危机等。

在金融危机后时代，由于世界格局发生了较大的变化，这就要求企业经营者能够在国际金融危机之后重新思考定位，尤其是中国在后奥运时代、后WTO时代形势急速变化，在这样一个与国际接轨的新思潮之中中国企业要拥有危机意识，才能与世界跨国公司在正面战场上展开白刃战。因此，要想在企业丛林里将企业做强做大，树立危机管理意识就成为企业的一个重要的选项。

遗憾的是，尽管危机管理传入中国已经有数十年，但是由于中国企业经营者天生缺乏危机管理意识，结果使得中国企业遭遇重重危机。2004年清华大学公共管理学院危机管理课题组、零点调查公司和中国惠普公司对全国企业进行的一个危机管理现状调查的结果显示：有45.2%的企业处于一般危机状态，有40.4%的企业处于中度危机状态，而有14.4%的企业处于高度危机状态。

这组数据足以说明目前中国企业正面临着十面埋伏的危机。由于中国企业经营者缺乏危机管理意识，因此及时预警来解决危机事件、早准备紧急预案就成为了中国企业经营者的当务之急。一旦最高决策者漠视危机事件，特别是危机意识淡薄，将会带给中国企业一个无穷的灾难。

可能有人认为我是在小题大做，也可能有人认为我是在哗众取宠，但我要告诉大家的是，正是因为中国人自己喜欢猜疑的原因才导致了只有少数人在宽广无边的旷野中呐喊，而更多的人选择了沉默。

在这个喧嚣的年代，沉默是一种选择，然而当绝大部分人都选择沉默的时候，呐喊就显得非常重要。20世纪鲁迅就曾为中国人民的觉醒而呐喊过。当然，选择呐喊更需要勇气，更需要责任。

周锡冰的新作《互联网+时代的企业危机管理》即将出版，他让我写一个推荐序。一个执着的青年学者试图通过自己的著作来影响中国企业经营者，让中国经营者提升危机管理的意识和应对能力，我想这是一个相当艰难的过程。不过从我一个旁观者、一个传媒人的角度来看，这不仅是一份坚持，更多地是一个时代赋予的责任。

尽管《互联网+时代的企业危机管理》一书中并没有华丽的辞藻，也没有煽情的鼓动，但是书中的文字却深深地打动了我，因为我从他的文字中读出了责任感。在这个为自己而奔忙的时代，周锡冰的时代责任感是不容争议的。因为该著作无不体现他作为一个时代财经作者的紧迫感和责任感，更令人钦佩的是本书作者周锡冰的这种特立独行的呐喊精神，这才是我写本序言的重要原因。

《商界》资深记者　周云成

目　录

第三部分　突破危机管理这道“坎”

绪论

互联网+时代，危机管理的路在何方

在互联网+时代，每个网民都可能引发一场让企业经营者们难以应对的危机，特别是随着中国网民数量的增加，引发企业危机的可能性也就越来越大。中国互联网络信息中心（CNNIC）发布的第 37 次《中国互联网络发展状况统计报告》数据显示，截至 2015 年 12 月，中国网民规模达 6.88 亿人，互联网普及率为 50.3%；手机网民规模达 6.20 亿人，占比提升至 90.1%；无线网络覆盖明显提升，网民 Wi-Fi 使用率达到 91.8%。

从这组数据可以看出，在互联网+时代，随着移动互联网的普及以及自媒体的崛起，这无疑增加了顾客关系管理的难度。究其原因，互联网自媒体的出现使得顾客在使用和体验产品或者服务的过程中可能把自己的不满意发布到微博、微信等自媒体上，从而引发舆论危机、负面报道，其发生的范围从传统报刊、广播电视、门户网站等，扩展到成千上万甚至上亿的博客、微博、微信中。

有一次我给总裁班的学员讲课时，一个学员发问说："周老师，请问您如何看待和颐酒店经理的危机管理应对方法？您给该企业打多少分？"

在梳理了该危机事件后，我的回答是："客观地讲，和颐酒店经理的危机管理应对方法非常不对，零分都不给，即给一个负分。”

学员问我为什么，我的理由是，和颐酒店经理的危机管理应对方法有问题。当如家酒店集团高层管理者被“弯弯”引发的危机事件搞得焦头烂额时，涉事和颐酒店经理在接受电视台的采访时称：“我觉得是在炒作，真的。一没死人，二没着火，三没发生强奸案。警察出面了，报案了，就那么回事。”

在该经理看来，“弯弯”在和颐酒店遇袭是“弯弯”自己在炒作。该经理的理由是“一没死人，二没着火，三没发生强奸案”。

该经理接受媒体采访后，其言论立即遭到网民的攻击，原本扩大的危机事件再次发酵，火上浇油。

其后，一大波讨伐的言论出现在各个新闻的跟帖中，为了平息该事件，如家酒店集团迅速发表声明称：“该评论属于个人行为，严重违反了集团的相关规定，该员工已被处理。”

为此，学者撰文批评说：“如家酒店集团因为‘弯弯’事件处在了舆论的风口浪尖，用焦头烂额来形容酒店集团高层现在的状态一点儿也不为过，偏偏在此时，又冒出这样一位只会抽梯子的队友，发表了‘三没’奇葩观点，所以他遭到集团处理也是理所应当的。但是和颐酒店经理的‘三没’观点难道仅仅代表了他个人的一种观点，难道社会公众对其‘三没’言论的愤怒，仅仅是针对他个人吗?”

在该学者看来，当危机事件发生后，作为涉事和颐酒店的经理，不仅不道歉，反而让事态扩大，这显然成了如家酒店集团眼中的“不一样的队友”，在舆论的风口浪尖上被“处理”，自然是情理之中的事。

虽然如家酒店决策层迅速撇清了与该经理对此事件的认知关系，但是在不道歉、不查清真相的前提下，就盲目地将这番“言论”完全视作个人行为，势必有些牵强。

危机管理专家更是直言：“在事发之后的对外口径和基本评价上，作为旗下酒店的一名经理，尤其是涉事酒店的责任经理，能够‘逆势’道出这番话，多多少少与整个公司既往的企业文化、价值观、管理责任诉求有

一定的影响和关联。即便这位经理的观点与集团一以贯之的核心理念有背离，但从这番言论当中，可以看出集团在理念传导过程中存在客观过失。管不好理念，光管嘴巴是没用的。”

我敢肯定地说，如此迅速的危机事件扩散是很多企业经营者们在以前从未想过的。的确，在很多时候，消费者通常利用个人言论阵地——博客、微博、微信等自媒体随时随地对某个企业或产品消费发表满意或者不满意的言论，一旦这些不满意的言论在博客、微博上快速传播，无疑将给企业带来无法预料的危机后果。

可能有读者会问，面对互联网＋时代的危机事件，作为涉事企业的经营者，该如何应对危机呢？危机管理的路在何方？

作为企业经营者，不管有无危机，都必须做好网络危机预警体系，一旦发现有负面信息，应该及时地沟通和交流，将危机事件化解在萌芽状态，即在互联网＋时代，企业的服务必须做到快、准、狠。只有这样，才能把危机控制在可控的范围之内，否则将二次、三次甚至是多次发酵。

企业遭遇前所未有的危机绝不是危言耸听

中国企业在改革开放的机遇中赢得了蓬勃发展的机会，因此取得了举世瞩目的成绩，有的企业打败了实力雄厚的跨国公司，有的则成为雄霸一方的隐形冠军。当某些中国企业取得辉煌战绩时，媒体都会倾巢而出，对其毫无原则地歌功颂德。在谄媚的吹捧下，中国首富榜也因此被誉为“杀猪榜”。

与企业家的热闹和喧嚣相比，一批艰辛的企业经营者却只能躲在无人关注的角落中为了企业明天的发展而哭泣。在这30多年的时间里，有多少流星似的中国企业倒闭，我们依旧不得而知。

事实证明，像华为、联想、格力电器这样能够取得成功的企业毕竟是少数，多数企业仍然在生存与倒闭的边缘上挣扎着，特别是在劳动力、原材料、物流等成本急剧上涨的背景下，中国企业无疑正在遭遇前所未有的

危机。在这样危机重重的环境中谋求生存与发展，如果中国企业经营者不知道企业将遭遇何种危机以及不准备处理危机的各种预案，那么这样的危机可能会蔓延，甚至把企业引向破产的境地。

众所周知，一个没有危机意识的企业，必定是一个没有希望的企业；一个没有危机感的民族，必定是一个没有希望的民族；一个缺乏危机意识的企业家，必定是一个孤芳自赏、刚愎自用的企业经营者。

在这里，我要提醒那些孤芳自赏、刚愎自用的企业经营者，中国企业正在遭遇前所未有的危机绝不是危言耸听、故弄玄虚；我要告诉那些孤芳自赏、刚愎自用的企业经营者，今天的中国企业的处境有多糟糕、形势有多不利；我要警告那些孤芳自赏、刚愎自用的企业经营者，在新常态下，成千上万的经营者身处企业濒临倒闭边缘却浑然不知。这些企业经营者总是习惯低估自己的对手，又习惯高估自己应对企业危机的实力。我今天之所以要把民营企业面临的危机告诉企业经营者，是因为要唤起企业经营者对危机管理的重视。否则，就可能会有数以万计的中国企业在发展的高速公路上翻车。

让人担忧的是，面对危机四伏的局面，企业经营者并没有加强危机意识，反而充满了错误思维。其实，有危机并不可怕，可怕的是企业经营者对危机视而不见，粉饰太平；更可怕的是，当危机来临的时候，企业经营者采取头痛医头、脚痛医脚的办法，让本可以避免的危机肆意蔓延开来，从而制造更大的危机事件。中国向来不缺乏优秀的品牌制造者，但缺乏优秀的危机管理者。有多少看似非常强大的企业在一夜间成名，叱咤风云三五年，却往往在遭遇到一两个似乎很小的、企业及时采取措施就完全可以控制的小麻烦后便如多米诺骨牌一样无情地垮下去，并且是一泻千里，不可收拾。三株、秦池、爱多等一批中国旗舰企业莫不如此。如果把危机看作一匹脱缰的野马，那么危机管理就是最好的驾驭术。

事实上，由于企业经营者风险管理意识淡薄，目前绝大多数的中小企业依然没有建立风险管理机制，还有相当一部分企业内部控制仍不健全，风险管理更多地是一种危机管理，即在企业发生财务、市场、法律等危机

时才紧急采取补救措施，这无疑对企业的持续健康发展不利。

在一批批企业因为危机事件倒下的同时，我们也看到还有一些企业虽深处危机旋涡之中，却因为直面危机，甚至把危机转为了发展机遇，如强生公司在与三株类似的中毒事件中依然安稳；全聚德在禽流感危机事件中仍旧乘风破浪……

究其原因，是因为这些企业具有优秀的危机管理意识和体系。因此，对于中国上千万个企业来说，要想做强做大，风险与危机管理就成为了一道不得不迈过的门槛，而且是必须迈过的门槛。

与时俱进的六度危机管理模型

对于任何一个企业来说，当危机事件发生后，摆在企业经营者面前的只有一条路，那就是如何处理危机事件。在日常的危机管理中，通常要求企业经营者通过六度危机管理来处理，这里的六度危机是指速度、态度、力度、广度、深度、高度。

传统的危机管理办法尽管通过六度来处理危机事件，但是却因为过于笼统而无法有效地解决危机。因此，为了有效地解决企业面对的危机问题，我们特此在原六度危机管理的基础之上，重新提出新的六维度危机管理。所谓六维度危机管理是指从企业经营者（老板、职业经理人、首席风险官）、企业、员工、媒体、政府、产品六个维度来应对危机事件，见图0-1。

在图0-1中，当企业危机事件爆发之后，需要提醒的是，由于企业和行业危机程度不一样，其方法也不一样。要想把六维度危机管理模型的作用发挥到最大，必须把企业经营者（老板、职业经理人、首席风险官）、企业、员工、媒体、政府、产品六个维度都充分利用起来，具体的做法有如下五步：

第一步，绝对不能掩盖事实真相，绝对不能对媒体记者说“无可奉告”，否则媒体会再次渲染危机，使得危机事件再次发酵。因此，企业经营者的首要任务是统一口径，然后向媒体记者主动递上名片，邀请媒体记者到会议室暂时休息。一旦媒体记者不愿意接受企业经营者的邀请，企业

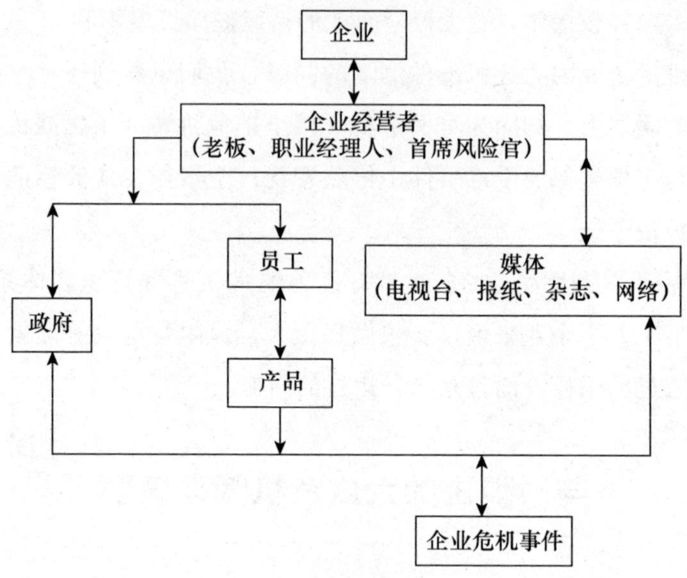

图 0-1　六维度危机管理模型

经营者应静观其变。

第二步，企业经营者应主动向记者索要名片，了解媒体名称和记者姓名，这有利于企业经营者应对危机。一旦失去名片，企业宣传部门将很难处理负面报道。

第三步，查出问题的真相。一旦遭遇负面报道，企业经营者应把问题真相告知媒体以及消费者。不管是事前、事中还是事后，企业经营者都必须抱着真诚的态度。业内专家建议，应对负面报道，从“治本”的角度看有三点需要注意：一是要建立学习机制，让每个人都学会如何用平常的心态接受媒体的监督；二是要建立严格的内部管理机制，把自己存在的问题消灭在萌芽状态，经常对自己的问题进行整改，让别人抓不住尾巴；三是要建立与媒体正常合作的机制，在平时宣传自己的时候，一旦遇到有媒体想监督企业，可以提前得到信息。①

第四步，当企业遭遇负面报道后，一些媒体必然跟进采访报道，在

① 企业如何应对新闻媒体的负面报道［EB/OL］. 2013. http://pr.brandcn.com/gongguanmiji/131120_361785.html.

二次报道发稿之前，企业必须尽快拿出具体的解决问题的办法，同时还要在最短的时间内积极主动地邀请媒体，召开有关解决危机事件的新闻发布会。在该会上，企业经营者通报问题、解决问题，以此来化解危机，防止影响进一步扩大。从新闻的传播规律来分析，企业利用媒体的循环式炒作，既解决了负面报道中存在的问题，又提升了企业的声誉和形象。

第五步，当以上应对都无效时，企业经营者应利用法律手段解决负面报道问题。不管企业经营者是与媒体打官司，还是与消费者打官司，既然敢于诉诸法律，证明企业自身没有任何问题，这时候也可以主动邀请媒体来关注，这也是借机宣传自己。诉诸法律虽然很麻烦，但如果不诉诸法律，可能会更麻烦。

如果可能，以上办法同时使用最佳。如果这些手段都用上了，相信每个企业都能较好地应对媒体的负面报道。其实，对于企业来说，媒体是一把双刃剑，运用得好，可以大大帮助企业发展；运用得不好，不但对企业毫无帮助，反而会伤及自身。总之一句话，媒体在市场化的过程中需要的是良知，企业经营者在与媒体打交道的过程中需要的则是明智。特别是在经济新常态下，更要做好危机管理的应对。

在新常态下，中国经济增速放缓已经是一个不争的事实。对于中国企业来说，就意味着中国企业不可能像改革开放初期那样高速发展了。外部环境的急剧变化自然会促进中国企业更加注重提升企业自身的竞争优势，其中就包括提高危机处理的能力。

当前，由于中国经济发展的步伐在减速，这无疑会影响中国企业的生存和发展，甚至可能会加剧企业战略危机、资本危机、人力资源危机、财务危机、产品危机、广告宣传危机……这些危机是企业经营者急需解决的棘手问题，如塑化剂风波、毒胶囊事件、锦湖轮胎制造质量危机、富士康工厂品牌危机、三鹿毒奶粉事件、丰田汽车零部件召回事件、尼康问题相机事件、沃尔玛过期食品危机……在这样的背景下，企业经营者更应该重视危机管理。许多企业危机事件几乎每天都被发布在头版头条上，这从侧

面证明了这些波及中外的企业危机事件发生的概率越发频繁，给涉事企业及所在行业造成了极大的负面影响。因此，在新常态下，六维度危机管理模型对企业应对危机具有积极的意义。

为了更好地介绍六维度危机管理模型，本书作者经过 10 多年的研究，从多个角度揭开了中国企业频频倒下的真实内幕，同时也系统地介绍了中国企业危机意识缺失的现状以及常规的危机类型，并辅以大量的案例分析，使读者对危机管理有了更深层次的认识，有助于读者更好地预防和管理企业的危机事件。

在此需要说明的是，本书可以视为一本企业风险防范和危机管理具体方法和策略的大全，不仅对企业的高层管理者应对危机有参考作用，有助于企业防患于未然，还适合在一线工作的管理人员和关键岗位人员，有助于企业把风险消除在萌芽状态。本书是一本极具实用价值的危机管理工具书。

第一部分
离破产永远只有 18 个月

在很多中国企业中，企业经营者往往把危机管理放在防盗、防灾、防火、防险、防汛等这些关乎安全的问题上。其实，这些只不过是企业危机管理中很小的一部分。事实证明，企业最有效的危机管理必须建立在预见、预警和预防“三预”战略上，这是决定企业可持续发展和基业长青的一个重要战略意识。

事实上，大到一个民族、一个国家的兴盛，中到一个企业和一个社会的安全稳定，小到我们个人以及家庭的安全保障，都需要危机管理。不管是政府还是企业的高层领导人，一定要有一个危机管理的“三预”（预见、预警、预防）意识。①

正如危机管理大师海因里希教授所言，如果政府或者企业漠视了 300 个问题，那么它就可能会形成一次风险，而如果漠视了 30 个风险，它就可能会形成一次严重的危机。

在海因里希教授看来，正是因为企业经营者漠视危机，所以才导致了危机事件的大规模爆发和蔓延。因此，这就是为什么微软创始人比尔·盖茨曾忧心忡忡地说微软“离破产永远只有 18 个月”的根本原因，这样的危机管理意识值得中国企业经营者学习和借鉴。

---

① 张家麟. 惶者生存：企业危机管理智慧 [M]. 北京：北京东方影音公司，2010.

第一章 谁漠视危机管理，谁就面临危机

在企业的发展道路上，一旦企业没有危机，那便是最大的危机。研究发现，应对危机最好的办法就是树立危机意识，真正做到未雨绸缪，这样才能在企业丛林的较量中永立潮头，成为隐形冠军或者行业巨人。当然，这就意味着企业经营者必须尽可能地早做准备，构建有效的危机应对防火墙。

正如哈佛大学商学院教授理查德·帕斯卡尔所言："21 世纪，没有危机感是最大的危机。"因此，要想把企业做强做大，就必须树立较强的危机意识，因为在如今这个信息爆炸的时代，谁漠视危机管理，谁就将面临可能导致企业破产的危机。

第一节　看不到危机，本身就是最大的危机

关于危机管理，英国著名作家威廉·莎士比亚曾经形象地写道："世事的起伏本来就是波浪式的，人们要是能够乘着高潮勇往直前，一定可以功成名就；要是不能把握时机，就要终生蹉跎，一事无成。我

们现在正在涨潮的海上漂浮，倘若不能顺水行舟，我们的事业就会一败涂地。”

在莎士比亚看来，倘若不能顺水行舟，我们的人生和事业可能就会因此一败涂地。的确，人类在迈向文明的进程中，其进步原动力离不开危机意识。究其原因，人类在生存和繁衍过程中，必须时刻防范危机，同时做好与危机做斗争的准备。正是因为人类的危机意识，人类才免于丧命于大型食肉动物的血盆大口之中。

战略思维同样适用于企业的危机管理。企业之间的竞争就如同自然界中的竞争，尽管遵循优胜劣汰的自然法则，但是优与劣之间的形势是可以转换的，关键在于那些掌握命运的企业家及企业管理者能否警觉企业已经存在的种种危机。一旦拥有强烈的危机意识，企业就会防微杜渐、想方设法避免危机的发生，真正做到防患于未然。即使发生了危机事件，企业经营者也会因已做好充分的准备而力挽狂澜，最终转危为安，继续保持企业的繁荣昌盛，使企业走上一条高速发展的道路；反之，一旦企业经营者危机意识淡薄或无危机意识，企业就会停滞不前，甚至走下坡路，危机发生后，又束手无策，最终使企业陷入困境，置企业于死地。①

纵观诸多倒下的企业，无不都是因企业经营者缺乏危机管理意识，在处理危机时准备不足，才导致应对危机的战略决策频频失误，让处在危机旋涡中的企业白白地错过了最佳的危机应对时机。当然，企业经营者的决策失误不仅会助长危机事件的蔓延，而且会使企业为之付出惨痛的代价，甚至有的企业因此而破产。

当仔细研究这些企业危机管理的种种策略时，我们陡然发现，造成这种后果的原因不仅在于企业经营者缺乏危机管理意识，更主要的在于企业经营者在创业企业做强做大的过程中都处在权力的顶峰，长期以来听惯了利益相关者及部下的阿谀奉承，结果使得危机事件因为没有得到正确处理

---

① 宋养琰. 中国企业家必备的十大意识[EB/OL]. 2015. http://www.weishi66.cn/view.asp?mod=about&itemid=490.

而发酵，给企业带来了巨大的损失。在倒下的企业中，曾经光芒四射的幸福集团就是一个遇到危机而倒下的案例。

提起周作亮，那可是当年湖北响当当、叱咤风云的企业家。周作亮曾被评为全国最佳农民企业家、全国劳动模范、全国自强模范、全国优秀乡镇企业家、全国农村十大新闻人物，曾任第八届全国人民代表大会代表，兼任中国乡镇企业协会副会长、湖北省厂长（经理）会常务理事、湖北省企业家协会常备理事、湖北省残疾人联合会副主席。

这一长串的评价足以说明周作亮有着辉煌的过去。我查阅其大量资料后发现，这些辉煌的开始可以从1979年的那个夏天谈起。

1979年夏，湖北省武汉市闷热无比，时年39岁的农民周作亮用扁担挑着简单的行李满怀憧憬地站在湖北省武汉红旗服装厂的大门外。

此刻的周作亮，其人生目标是要成为武汉红旗服装厂的一名服装工人。功夫不负有心人，周作亮坚韧的性格终于感动了红旗厂总技术师林逸民，破例收下了这个特殊的学徒。

3个月后，周作亮在幸福村的一间小库房里挂起了“幸福服装厂”的牌子，“幸福”这个企业航母的雏形就由此开始了。

第一年，7个人7台缝纫机创下了2万元的产值，盈利5 000元。

此后的10余年间，周作亮凭借对服装的天赋和对服装市场的精准判断，其能力得到了淋漓尽致的发挥。比如，周作亮敢于举债从美国和日本引进当时中国较为先进的14条服装生产线，正是因为引进的服装生产线，其衬衫、西服两大主导产品开始打入国际市场。

1989年，当时的国际市场环境极度恶化，衬衫、西服等产品订单大幅度减少。在这样不利的形势下，由于周作亮非常了解服装市场，主动出击，竟获得了大量订单。周作亮先后在深圳特区、中国香港特别行政区成立了永福制衣有限公司和永福贸易公司，仅仅在1989年就

拿到了 8 000 万元的外贸订单。

由于周作亮能够在大变局中处变不惊，加上其能够把握时机，幸福服装厂此刻高速地成长着。为了更好地激活幸福服装厂的生产潜力，1991 年周作亮将幸福村和幸福服装厂合二为一，成立幸福集团。周作亮出任幸福集团董事长兼总经理。

1992—1993 年，在周作亮的领导下，幸福集团又较早地开始进行了股份制改造，有效地激活了幸福集团的活力。

如果周作亮一直坚持走服装的路子，他手中的那把“金剪刀”也许含金量会越来越高。不过，企业的高速发展掩盖了潜伏的危机。当村企合一以后，周作亮制定了宏伟的发展目标——建设一座“现代化的中国幸福村”。为此，周作亮先后投资 3 000 万元，建成了一片“渠成格、田成方、路成线、树成行”的极宜观光的农田开发区和 200 栋村民别墅。从此，一个现代化的中国幸福村在江汉平原就此诞生。不可否认，这些奇迹的创造，既得益于改革开放的机遇，同时也离不开周作亮自身的敢想敢干、勇气、胆识和能力。

1993 年，周作亮的各种荣誉如雪花般纷飞而至，此刻的周作亮偶然获悉铝材走俏，经营铝材可以获取丰厚的利润。于是，周作亮当即决定兴建铝材加工厂，仅用 8 个月的时间就投资 1.1 亿元建成了日产 10 吨的铝材加工厂。

当铝材加工厂建成后，周作亮不得不外购所需的铝锭、铝棒。为了更好地与铝材加工厂配套，周作亮决定再建一个电解铝厂。但是，再建一个电解铝厂面临的最大难题是幸福村电力供应不足。

为了解决电解铝厂的用电问题，周作亮不顾电力部门的强烈反对，在小火电已经列为限制发展项目的情况下，仍然坚持修建了有 3 台 5 万千瓦小火电机组，年发电能力达到 15 亿千瓦·时的火电站。

然而，让周作亮犯愁的是，电解铝厂自用电仅为 6 亿千瓦·时。如果仅仅是电解铝厂，那么 3 台小火电机组中有 2 台就必然闲置。

毋庸置疑，修建了电厂，当然还得修建变电站与之匹配。于是修建变电站就成了必然的“周氏选择”。这样做不仅可以解决电解铝厂的用电问题，而且可以解决剩余电力的对外输出和联网问题。

当发电厂修建成后，要发电就需要大量的煤炭，由于幸福村的交通不便利，既不通船又不通火车，为了解决火电厂发电的用煤问题，周作亮为此专门成立了一个运煤的庞大车队。让周作亮没有想到的是，像幸福村这样简易的乡村公路根本无法通过载重60吨的重型卡车。为了解决重型卡车的通行问题，周作亮决定修一条长40公里、耗资7 000万元的二级公路。当发电产生的灰粉无法有效处理时，周作亮计划兴办一个水泥厂……周作亮甚至提出要让汉江改道，把铁路修到张金村。

就这样，周作亮不顾多方反对，执意兴建总投资15亿元的电厂、铝厂、变电站“三大工程”。尽管电厂、铝厂、变电站“三大工程”于1997年陆续建成投产，但由于电厂、铝厂、变电站投资巨大且回报期长，而且当时的幸福集团年产值仅有五六亿元，因此周作亮面临严峻的资金周转不足问题。

为了弥补资金周转不足问题，周作亮不得不考虑其他的融资渠道。周作亮利用幸福城市信用社（1992年由幸福集团控股组建的湖北省潜江市幸福城市信用社）在潜江市本地高息揽储，另外还购买了位于武汉市汉正街市场约1 000平方米的房产，并以此作为根据地，由担任周作亮决策顾问的周训和经营的大江城市信用社牵线搭桥，在武汉市吸收一年期存款达9.4亿元，涉及储户7万多人，其承诺的最高年利率为20%。①

然而，幸福城市信用社的揽储不足以支撑其巨额的投资，以致其

① 百度百科. 周作亮［EB/OL］. 2015. http://baike.baidu.com/view/2963983.htm?fr=aladdin.

一直处于严重的流动性危机中。由于修建电厂、铝厂、变电站投资巨大，最终酿成巨大的公众存款支付危机。

当幸福集团危机爆发时，有报道称，1999 年 9 月，面对危机四伏的幸福集团，周作亮无奈地将自己一手创建的湖北幸福集团的大部分股份转让给湖北国投，董事长、总经理也由湖北国投这个第一大股东出任。

与此同时，从小服装厂创业开始到曾经拥有一家上市公司的周作亮，不得不黯然把自己的办公室搬到已经停建的四层办公大楼后面的一排简易的平房里。在不久前，周作亮还在有着长长的门廊、铺着鲜艳绿色地毯的套间内办公。转眼之间，两鬓斑白的周作亮似乎一下子退回到了 1979 年 7 个人 7 台缝纫机的创业年代。①

在这个案例中，铝材厂的建设打开了周作亮心底盲目扩张的魔盒，一系列的巨额投资最终导致幸福集团陷入严重的“资金饥渴症”，并把旗下的幸福城市信用社逼进了死胡同，最终引发了隐藏在幸福集团中最为致命的危机事件。

周作亮的企业战略是“逢山开道、遇河搭桥”，没有一个可行性的战略规划，即“走到哪算哪，遇到什么就干什么”。潜在的危机使得盲目发展的幸福集团一步一步走向衰败的边缘，最终把幸福集团引入危机的深渊。

这样的危机事件本来是完全可以避免的，只不过周作亮作为幸福集团的船长缺乏危机意识，最终不可逆转地把幸福集团引上“大而全，小而全，缺啥补啥”的封闭式发展的不归之路。

对于幸福集团来说，幸福城市信用社只是引发其危机的一个导火索，属于典型的战略危机类型。所谓企业战略危机，主要是指企业外部环境或

① 杨剑，吕菲. 做大：民营企业提升自我的全方位指南［M］. 北京：中华工商联合出版社，2005.

者内部条件改变之后，经营者没有对企业战略做出合理的应变或者应变不当，使得企业无法实现其既定的目标。大量的事实证明，企业战略危机的产生，主要是源于企业经营者的战略管理失误或者战略管理过程的波动，并非一朝一夕的事，而是逐步累积的结果。

一般地，企业战略危机产生的原因通常有如下几个：（1）漠视新技术、新产品工艺，如柯达热衷于胶片，拒绝数码相机的研发；（2）漠视市场发展趋势和顾客的需求，如诺基亚热衷于按键研发，拒绝手机触屏；（3）投资、并购和多元化失误；（4）忽视商业伦理诚信、道德风险；（5）缺乏对宏观政策和法规的预见；（6）坚持实施非柔性的管理和组织。

幸福集团的危机就是由周作亮的多元化失误引发的，尽管周作亮的做法发生在十多年前，但是在今天，类似的做法依然随处可见。从2008年金融危机爆发以来，即使在2015年夏天，媒体的头版头条也经常充斥着企业因为多元化失误而破产的报道。可以说，周作亮的扩张思维并非个案，而是一种企业经营思路。

类似周作亮这样的做法，无疑会在某一时刻引发潜在的危机事件，因为持该扩张思维的企业经营者无疑缺乏科学、合理的战略，这为日后企业遭遇重大危机埋下了祸根。因此，明星企业家周作亮的陨落警示中国企业经营者，谁拥有危机战略意识，谁就可能赢得未来。谁缺乏危机战略意识，谁就注定没有未来。试想一下，在“逢山开道、遇河搭桥”的过程中，如果周作亮具有较强的危机意识和完善的战略规划，那么今天的周作亮就可能与柳传志、任正非他们相提并论了。

纵观上述案例，在幸福集团扩张时，周作亮毫无战略可言，在这样的高速行军过程中，如影随形的危机无疑为加速其倒下提供了难以预料的着火点。幸福集团的倒下足以引起中国企业经营者的高度重视。在这个竞争激烈的时代，若缺乏科学的、正确的战略，企业无疑会在丛林法则的竞争中被市场淘汰，更别提能够赢得未来的市场了。

因此，对于任何一个中国企业经营者而言，董事长一职不仅是一个领导者的岗位，更是一个战略家的角色。在制定战略时，如果没有完善的战略方案，其暗藏的危机可能会将企业引入万劫不复的深渊。在上述案例中的幸福集团，就是因为缺乏这样的危机管理而倒下了。

第二节　一只青蛙的两种结局

在很多企业中，由于诸多原因致使一些企业经营者盲目追求规模。当危机事件爆发后，很多媒体自然而然地将一个企业的成败全部归集到某一个原因，这显然是不客观的，同时也是不合理的。不过，作为企业经营者，由于没有足够地认识到企业危机的严重性，缺乏有效的危机应对措施而导致企业危机事件爆发后“兵败如山倒”的责任是不可推卸的。

企业经营者犯下这样的大错是不可原谅的。正如新东方创始人俞敏洪坦言：“诺基亚为什么会倒闭，柯达为什么会倒闭，其实理由非常简单，这些公司到最后都是职业经理人出了问题。诺基亚的致命一击是雇用了微软的人当CEO，错误地放弃了塞班系统，没有使用安卓系统，而是使用了微软系统，最后引致了失败。我并不是说他们没有思维，而是这些企业老总和职业经理人对企业不负最终的责任。”

诺基亚、柯达的危机并非个案。究其原因，是企业经营者过于盲目自信，忽视了企业潜在的巨大危机，就像一只在温水中被煮的青蛙，当危机真正降临时，青蛙已经不能跳出热水锅了。这就是著名的水煮青蛙实验，其具体的实验过程如下。

19世纪末，美国康奈尔大学的教授做过一项著名的青蛙实验。在此次实验中，教授把一只健康的青蛙放入已经加热的热水锅中，青蛙受到强烈的刺激，猛地从热水锅中跳了出来，虽然受到一些烫伤，却避免了被煮死的命运。

不过，该项实验并未终止，教授接着又将这只曾经从热水锅中逃生的青蛙放入冷水锅中。由于水温接近常温，青蛙并未跳出锅外。教授开始缓慢加热，青蛙没有察觉水温在慢慢升高，依然在水中舒适地游动。

随着水温的逐渐升高，青蛙在水中的游动也渐趋缓慢。当温度继续升高时，此刻的青蛙已经变得非常虚弱，无力挣扎，最后被慢慢煮死了。

在该项实验中，这只青蛙的不同结局告诫企业经营者，在企业经营中，不断变动的竞争环境使得危机无处不在，因此，一旦企业经营者觉察不到危机的存在，此刻的企业将非常危险，可能已经处于最大的危机环境中。

正如孟子所说："生于忧患，死于安乐。"如同实验中的那只青蛙一样，如果企业对生存、竞争环境的变化浑然不觉，那么一旦危机事件爆发，企业此刻将无力应对发酵的危机事件，并可能会遭遇破产，被市场淘汰。

研究发现，诸多危机伴随着中国企业的发展和壮大，只不过，其中的创业者们如同在温水中被煮的青蛙一样毫无知觉，结果等危机事件扩大之后，当初的好友可能如同仇敌一样，为了维护各自的利益而内斗。当然，内耗的结果是使得正常运营的企业陷入难以预料的危机当中。

在中国的明星企业中，当年的爱多发展得非常火热，同样，爱多的陨落从侧面说明漠视企业危机将付出巨大的代价。在这场危机中，创始人之一胡志标本来有许多办法可以化解与股东之间的矛盾。例如，(1) 胡志标可以通过收购陈天南手里的股份来化解这场危机。据媒体报道，陈天南后来曾经提出以 5 000 万元向胡志标转让自己 45%的股份。然而，胡志标没有答应陈天南的建议。(2) 胡志标可以与陈天南、益隆村摊牌，清算公司账务，然后各走各的路。(3) 胡志标可以将自己 45%的爱多股份转让给陈天南和益隆村，然后自己再去开办一个公司。

可以肯定地说，化解这场危机的办法还是很多的，可惜的是，这些办法胡志标一个都没有采纳。可能在胡志标看来，陈天南、益隆村这两个创

业股东什么都没有干，却分得巨额的利润，这令胡志标很是不满，结果使得这场危机由此而爆发。

在这里，我们来详细了解一下爱多这个明星企业的发展历程，以便更好地了解爱多是如何被这场危机打垮的。

1995 年，26 岁的胡志标在一家小饭馆里吃饭，听到有人谈论"数字压缩芯片"技术。谈论者说，"数字压缩芯片"技术可以播放影碟。

敏锐的胡志标嗅出了这里面的巨大商机，于是在 1995 年 7 月 20 日正式成立广东爱多电器有限公司。胡志标出任爱多电器有限公司董事长、总裁。

该公司的股东有 3 个，他们分别是：(1) 胡志标；(2) 胡志标儿时的玩伴兼好友陈天南；(3) 广东省中山市东升镇益隆村。胡志标和陈天南各占 45%的股份，广东省中山市东升镇益隆村以土地入股获得 10%的股份。

在胡志标的经营下，特别是在 20 世纪 90 年代，凭借广告策略，爱多 VCD 的销量大大提升，同时爱多的企业价值也迅速增长。

当广告策略拉动爱多 VCD 大卖以后，胡志标采取了更加大胆的策略，以 8 200 万元人民币获得了中央电视台广告招标电子类的第一名。这使一个在 1996 年只有 2 亿元产值的工厂，在一年之后产值狂增至 16 亿元。爱多的名声在全国迅速打响。

随着爱多 VCD 的销量与日俱增，常在媒体聚光灯下的胡志标心中开始有些不平衡了。在胡志标看来，陈天南尽管是大股东，却从来不过问爱多公司的事，只不过和自己一样出资 2 000 元，就每年获得爱多 45%的红利。

这样的想法促使胡志标做出有利于自己的举动，胡志标先是指使财务总管林莹封锁财务，不让陈天南查账。而后，胡志标挪用爱多的资金在中山市成立了几家由自己担任大股东的公司，新成立的几家公司与爱多毫无关联，但胡志标的这几家公司却使用“爱多”的品牌。胡志标成立新公司的目的不言自明，就是利用关联交易转移资产。

胡志标的做法把爱多潜藏的危机引爆了。这一做法引起了大股东陈天南的不满和强烈反对，使他采取策略来维护大股东的权利，先是发“律师声明”，后又与股东益隆村联合起来声讨胡志标。

在强大的压力下，胡志标不得不在1999年4月辞去爱多董事长和总裁职务。然而，在胡志标辞去爱多董事长和总裁职务后，由于陈天南和益隆村都没有能力经营爱多，同时迫于经销商的强大压力，仅仅过了20多天，他们又将胡志标扶上马。在股东内耗之后，广东爱多电器有限公司元气大伤。

在这个案例中，爱多的危机引爆点主要源于胡志标利用关联交易转移资产，正是因为这个做法，胡志标也因此付出了惨重的代价。

爱多的案例具有典型性，所谓“在家靠父母，出门靠朋友”。在企业创办初期，企业的凝聚力是最强的，赚钱是一致的目标。在这个目标下，创业伙伴都会齐心协力，同甘共苦，一点一滴地努力将创业企业的规模做大。

当创业企业规模做大之后，当初的“重感情、讲义气”式友谊就开始出现裂痕，内讧开始产生，利益纠纷开始出现。一旦创业企业出现这样的危机问题，这样的创业企业离倒闭就不远了。因此，对于任何一个企业经营者而言，只有具备危机管理意识，才可能做好危机管理防范工作，不能像胡志标那样最终成为温水中的青蛙，被活活煮死在沸水中。

对此，万通控股董事长冯仑告诫企业家说：“作为一个民营企业的领导人，你每天都要有危机意识，要清楚地知道当你快不行的时候谁会来救你。只有每天不断把这个问题想好，才能够给自己的企业架设一个安全的未来通途。”在冯仑看来，只有居安思危，才能有效地避免成为温水中的那只青蛙。

第三节 中国式危机处理思维的战略逻辑

要想让企业稳健地发展下去，企业经营者就必须做好危机管理。究其原因，危机管理不仅是一门专门的管理科学，同时还是应对企业危机的一道有效防线。当企业危机来临时，企业经营者在危机管理中必须立足于应对企业的突发危机事件，有针对性地引导和梳理危机事件中不利于企业发展的负面影响，有效地应对突发的危机事件，同时化险为夷，将危机事件对企业的损害尽可能地降至最低点。

写到这里，让我非常痛心的是许多中国企业经营者从来不重视企业危机的防范和应对。一旦企业遭遇危机，中国企业经营者大多数总是想着如何把危机事件遮掩过去，殊不知，这样的做法只能使危机事件无限地蔓延下去，其结果可想而知。

正是因为这样的危机处理思维，才导致了三株、秦池、南京冠生园、红桃K等中国耀眼的企业昙花一现。这些企业的经营者从来不重视危机事件的防范和应对，终于使一个本可以基业长青的企业快速地消失在消费者的视野里。

这到底是谁的错？我们在研究这些案例时，总是在不断地思考这个问题。当然，这肯定是企业经营者的错，因为许多中国的企业经营者漠视危机，说得直白些就是在面对危机事件时，总是用大事化小、小事化了的中国式危机处理思维。这样的危机应对方法可能不仅没有缓解危机的蔓延，反而使得本应该完全可以控制的危机态势越来越严重，最终导致整个企业全面崩盘。例如中国保健品企业三株，在我在很多总裁班上以三株这个案例来分析后，很多学员才恍然大悟，原来三株的倒下与创始人吴炳新的危机意识有关。

在中国的第一代企业家中，三株药业集团董事长吴炳新是一个不得不提的企业家。在中国保健品行业，没有人可以否认吴炳新曾经的

大佬地位，甚至有媒体评论说吴炳新是一个不折不扣、名副其实的教父级人物。

我觉得这样的评价还是非常合适的，因为吴炳新曾经带领三株在很短的时间内演绎了中国保健品行业最辉煌的“神话”。

从三株的统计资料来看，1996年年底，农村市场的销售额已经占到了三株总销售额的60%。这样的营销业绩在当时已经非常了不起。1992年，吴炳新以30万元起家；1995年，三株的销售收入达到23.5亿元；1996年，三株的销售收入超过80亿元。

然而，没有一个人会想到，家住湖南省常德市汉寿县的退休老船工陈伯顺竟然让高速发展中的三株企业戛然止步。在危机事件爆发后，三株的月销售额从最高时的7亿元急速下滑至1 000余万元，16万人的营销队伍当年就裁掉了15万人，三株因此进入了发展的休眠期。

危机是这样发生的。1996年6月3日，77岁的老人陈伯顺身患冠心病、肺部感染、心衰Ⅱ级、肥大性脊椎炎、低钾血症等多种疾病（二审法院已查明）。在就医过程中，经医生推荐服用三株口服液。在这样的背景下，陈伯顺花428元购买了10瓶三株口服液。

然而，正是这10瓶三株口服液引发了危机风暴，淹没了三株企业。据陈伯顺的家人介绍，陈伯顺患有老年性尿频症。陈伯顺在服用了两瓶三株口服液后尿液减少，饭量却增多了不少。一旦停用三株口服液，陈伯顺的旧病又会复发。当服用完三四瓶三株口服液后，陈伯顺出现全身红肿、瘙痒的症状。当服用完第八瓶三株口服液后，陈伯顺全身溃烂，流脓流水。

在病情严重的情况下，陈伯顺于1996年6月23日被家人送到汉寿县医院求诊。医院的诊断结果为“三株药物高蛋白过敏症”。

其后，陈伯顺的病情不断反复。1996年9月3日，陈伯顺因医治无效死亡。陈伯顺死后，陈伯顺的妻子、儿女将三株口服液起诉到常德市中级人民法院。

1998 年 3 月 31 日，常德市中级人民法院做出一审判决，判决的结果是，支持陈伯顺的诉讼请求，要求三株口服液向死者陈伯顺家属赔偿 29.8 万元。

当三株口服液一审判决败诉后，数十家媒体在头版头条高密度地报道了三株口服液毒死陈伯顺的新闻，有的新闻标题甚至是“八瓶三株口服液喝死一条老汉”。这一轮爆炸性新闻对于已经处在风雨飘摇中的三株公司无疑是毁灭性一击。

其实在“常德事件”之前，三株已经遭遇过“广东事件”与“成都事件”，但三株的创始人吴炳新没太在意，本应引起足够重视的危机，吴炳新都没当回事，结果引发了更猛烈的“常德事件”。

其后，三株随之上诉，尽管二审判决三株口服液胜诉，改判了一审的判决，但自“常德事件”之后，三株的销售业绩已经一落千丈。

就这样，一个年销售额曾经高达 80 亿元、累计上缴利税 18 亿元、拥有 15 万名员工的庞大“帝国”轰然倒塌，渐渐地淡出历史舞台。

纵观上述案例，仅仅因为一次严重的“形象危机”，高速发展中的三株企业没能续写辉煌，戛然而止。面对危机事件，三株是如何应对的呢？现在，我们来回顾分析一下三株的危机：

1996 年 6 月，身患冠心病、肺部感染、心衰Ⅱ级、肥大性脊椎炎、低钾血症等多种疾病（二审法院已查明）的 77 岁老人陈伯顺，经医生推荐服用三株口服液。后来陈伯顺皮肤出现病状，诊治无效于 1996 年 9 月死亡。

1996 年 12 月，陈伯顺家人向常德市中级人民法院起诉三株企业。

1998 年 3 月，常德市中级人民法院一审判决三株企业败诉，三株口服液向死者陈伯顺家属赔偿 29.8 万元，并没收三株企业 1 000 万元的销售利润。

其后，三株企业不认可常德市中级人民法院的一审判决，向湖南省高级人民法院提起上诉。然而，三株企业不清楚上诉需要时间，在三株企业向湖南省高级人民法院上诉期间，数十家媒体长篇累牍地连续报道该事件，使得三株企业的产品形象、企业形象、品牌形象遭到了沉重打击，也使得工厂停产、销售瘫痪。

1999 年，湖南省高级人民法院做出终审判决，由于陈伯顺患冠心病、肺部感染、心衰Ⅱ级、肥大性脊椎炎、低钾血症等多种疾病，最终判定三株企业胜诉。相比年销售额曾经高达 80 亿元，此刻三株企业的胜诉已经意义不大了。可以说，该事件造成了三株企业数十亿元的资产损失，十几万人下岗，三株企业虽然赢了官司，却丢了市场。

其实，在事发当时，三株企业曾积极主动与死者家属协商过，但协商未果，从协商未果的结局来看，正是三株企业多次丧失了危机管理的时效性，才使得月销售额从数亿元一下子跌到不足 1 000 万元，这样的代价太大了。

当我们回过头来看，对当时危机事件还没有发酵的三株企业而言，在协商时就算是付出赔偿 500 万元的代价，也会比后面的结果好一些。因此，在企业危机爆发的时候，一旦短时间内不能确定谁是谁非，企业倒不如暂时先退一步，以免矛盾激化。

第二章
企业家应该敬畏危机

在企业的丛林法则中，不管是市值上千亿元的跨国公司，还是营业额只有上万元的小微企业，一旦置身于丛林的优胜劣汰竞争中，唯有危机是最公平的。

为了把微软打造成百年老店，微软的创始人比尔·盖茨曾忧心忡忡地说："微软离破产永远只有18个月。"比尔·盖茨用危机感提醒微软的管理团队，在瞬息万变的IT行业中，不进则退。危机感始终弥漫在微软的战略之中。

随着微软这艘巨型航母的日益强大，比尔·盖茨的危机意识更加强烈。在很多场合下，比尔·盖茨警告他的管理团队说："微软离破产永远只有18个月。"

18个月的破产期足以说明比尔·盖茨对微软发展的忧虑。不过，对于中国企业而言，由于缺乏危机管理团队，加上很多企业经营者不重视对危机管理的防范和应对，在遭遇危机时，企业离破产的时间可能只有18天，甚至更少。

第一节 “微软离破产永远只有18个月”的危机忧虑

危机其实并不可怕，真正可怕的是企业经营者不将危机当一回事，以一种放任自流的态度任由危机事件蔓延。

在实际的企业管理中，即使是世界500强企业，危机也都是不可避免的。当企业在迅猛发展的同时，危机总是潜伏在那些漠视危机管理的企业中。因此，要想真正地、有效地应对危机事件，企业经营者应拥有较为浓厚的危机管理意识，以未雨绸缪的预防思维正确地应对企业危机，这样才能避免“屋漏偏逢连夜雨”的危机事件扩大和蔓延。

占世界80%以上市场份额的微软操作系统之所以能够雄霸天下，其中关键的一个因素就是微软的创始人比尔·盖茨具有强烈的危机意识，在很多场合下，比尔·盖茨声称：“微软离破产永远只有18个月！”

比尔·盖茨的这番言论绝不是危言耸听，而是他对于信息革命冲击下的商业竞争本质的深切体会。① 比尔·盖茨深知，当今的商家之争已不是产品的竞争，而是经营模式之间的竞争。对于所有的公司而言，与时代的经营方式脱节将比效率低下带来更大的风险。这个既能为企业带来无限生机，又可能引来灭顶之灾的新型经营模式就在网络上。

正是比尔·盖茨强烈的危机意识，使得微软安然渡过各种危机。时至今日，比尔·盖茨依然走在路上，更多的企业经营者在面对种种突如其来或隐患已久的危机时，当他们嗅到风险时早已为时已晚。研究发现，企业在扩大规模时，危机事件的发生概率是最高的。因此，越是强大的企业在加速扩张时越要刻意控制自己的速度和规模，以规避不确定的风险。

值得庆幸的是，在中国企业家榜上，像任正非这样危机意识较强的企业家同样为数众多。在这里列举5个人，见表2-1。

---

① 蔡哲远. 惟优“秀”者才能生存［J］. 南风窗，2002（15）：65.

表 2-1　　中国企业家的危机名言

序号	企业家	危机名言
1	海尔 CEO 张瑞敏	每天的心情都是如履薄冰，如临深渊。
2	联想创始人柳传志	你一打盹儿，对手的机会就来了。
3	百度创始人李彦宏	别看我们现在是第一，如果我们停止工作 30 天，这个公司就完了。
4	亚信创始人田溯宁	企业成长的过程，就像是学滑雪一样，稍不小心就会摔进万丈深渊，只有忧虑者才能幸存。
5	华为创始人任正非	华为的危机以及萎缩、破产是一定会来到的。

上述企业家都身经百战，深知缺少危机感的后果有多严重。从这些危机名言可以看出，只有强烈的危机意识，才是应对危机事件的最好药方。这些危机名言足以说明企业经营者拥有较强的危机意识才是企业做强做大的内在动力。企业经营者要重视危机，对危机预案胸有成竹，在真正面对危机时，拿出对应的危机预案，这样的话，危机问题就可以迎刃而解了。

第二节　危机是企业持续发展的最大障碍

企业危机就像死亡和纳税一样不可避免，企业经营者要时刻为企业爆发危机做好各种应对预案，这样才能更好地应对突发的危机事件。

美国《财富》杂志曾经在对世界 500 强企业的 CEO 进行调查后发现，92%的 CEO 认为企业危机不可避免，同时他们确信，当企业危机来临时能应付自如。

从世界 500 强企业 CEO 对待危机的态度足以看出，他们应对危机的能力往往较强，不仅拥有较强的危机管理意识，还重视对危机的防范方法。这是值得中国企业经营者学习的。

究其原因，即使是今天商场上的领军企业，也不敢保证明天还是领军

企业。诺基亚、摩托罗拉的衰落就说明了这个道理。企业经营者只有保持24小时的危机感，才能有效地预防危机事件的发生。

比尔·盖茨清醒地认识到了危机的存在，正是这样的思维，微软才成为了世界上伟大的公司之一。因此，危机不可怕，可怕的是企业经营者错误地估计危机形势，令危机事态进一步恶化，如美国第37任总统理查德·米尔豪斯·尼克松对"水门事件"极力掩盖引发的危机要大于事件本身所造成的危机。为此，尼克松"水门事件"危机警示企业经营者，不仅要尊重危机管理的规律，而且要具备居安思危的意识。

事实上，居安思危是企业经营者预防危机的一个关键因素。逆水行舟，不进则退。特别是那些竞争力差、容易受市场和外部冲击的企业，稍有不慎，就有可能破产倒闭。

这就要求企业经营者能够居安思危，千万不可沉醉于自己的"十几个人、七八条枪"的小地盘，要时刻警示自己，作为市场竞争中的一部分，随时都有被别的企业蚕食鲸吞的可能。

通用电气公司前CEO杰克·韦尔奇在他的自传中这样描述危机："今天的胜者，不一定是明天的赢家。聪明的经营者应该时刻警惕危机，居安思危，警觉到明天可能出现的不利因素。对于此刻就能充分准备以应付竞争的任何工作，都要立刻去做，不要犹豫，须知延搁片刻功夫，就可能造成莫大的遗憾。"

面对如此残酷的竞争，企业经营者都应该有危机感，有忧患意识。美国管理学大师彼得·德鲁克说："商场上可能有积极进取的常胜赢家，却没有故步自封、恃才傲物的常胜赢家。胸无忧患，掉以轻心，只能是栽跟头无疑。"

一般地，当企业经营者胸无忧患、掉以轻心时，往往是危机事件频发的时候，当某些处于萌芽状态的危机事件达到临界点时，一旦有外部干扰因素将其点燃，危机事件就会由此爆发，如图2-1所示。

从图2-1中不难看出，当企业遭遇突发事件时，危机爆发可能给企业

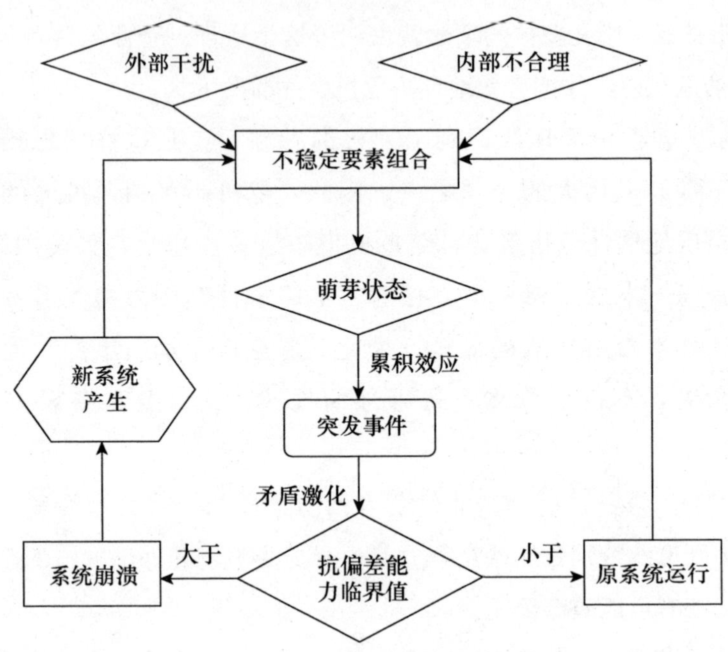

图 2-1　危机的产生过程

造成巨大的影响，甚至是付出惨重的代价。在这里，我们就从企业日常的上市危机开始谈起。

我们经常看到“A 企业隆重上市”“热烈庆祝 B 企业成功上市”的新闻。由于工作的关系，我经常接触一些企业老板，有些企业老板甚至把上市作为毕生的目标。

客观地讲，对于任何一个企业而言，上市与否完全取决于自身的企业情况。如果财务不规范，那么就聘请一个会计专家；如果的确要上市，那么就聘请相关的专家，一步一步地、循序渐进地规范企业的经营，从而达到上市公司的要求，绝对不能拔苗助长。

可能有读者会问，既然上市要根据自身条件，还要坚持循序渐进，那么为什么很多企业还要不顾一切上市，有的甚至还造假上市呢?

这主要是因为一部分企业经营者缺乏危机管理意识，不懂法律，总是抱着侥幸的心理铤而走险。殊不知，这样的结果竟然是搬起石头砸自己的脚，将自己多年经营的事业葬送。不信的话，我们就从一个真实的案例谈起。

1996年，云南绿大地生物科技股份有限公司的创办者、董事长何学葵从云南小城河口一个小花店起步，用短短五年时间，将小花店发展成了总资产上亿元的大型民营企业。

此刻的何学葵大胆决定和科研部门合作，很快取得了较好的效果，没过多久就培育出了20多个新品种花卉，建成了云南省境内最大的种苗培养基地。何学葵的努力得到了回报，培育的花卉产品得到了中外经销商的认可，甚至还出口海外。

当何学葵的事业蒸蒸日上时，他又抓住了1999年昆明世博会这个巨大的商机，巧妙地签订了多项绿化工程项目的合同，为云南绿大地生物科技股份有限公司成为云南园艺和绿化行业的龙头企业打下了坚实的基础。

当绿大地有条不紊地发展时，作为创始人的何学葵却不满足于绿大地稳健的发展路径，更希望追求跨越式发展，在短时间内迅速将绿大地做大。

正是由于迅速做大的愿望，何学葵产生了把绿大地包装上市，通过上市融资的方式来快速扩张的想法。无巧不成书，此刻的何学葵正好接触到了几位擅长资本运作的资深专家。当资深专家向何学葵介绍了有关资本市场翻手为云、覆手为雨的种种传奇后，这样的诱因促进了绿大地的尽快上市。

当然，何学葵强烈的上市欲望和冲动也为日后造假上市埋下了伏笔。在何学葵的战略上，绿大地有条件要上市，没有条件也必须创造条件上市。

众所周知，要想上市必须达到上市标准。按照绿大地当时的实际情况，肯定是达不到上市标准的，绿大地上市只不过是何学葵的一个梦想而已。何况让绿大地上市并不是何学葵的专长。要实现绿大地上市，何学葵就必须聘请相应的管理人才，这个人才就是曾经就职于贵州财经学院和云南省审计厅的蒋凯西。

当何学葵制定了绿大地上市的目标后，为了让蒋凯西帮自己实现绿大地的上市梦，何学葵拿出了一部分原始股权给蒋凯西，同时在2000年前后，聘请蒋凯西担任绿大地的董事和财务总监。

蒋凯西的加盟加快了绿大地上市的步伐。为了让绿大地更快上市，蒋凯西向何学葵推荐了上市资深专家——庞明星。

可以说，庞明星是一位名副其实的上市专家。庞明星在2003年加盟绿大地之前，已经帮助中国10多家企业做过上市了，对上市的流程了如指掌。

而后，为了使绿大地达到上市的标准，董事长何学葵、财务总监蒋凯西、财务顾问庞明星、出纳赵海丽负责在账本上虚增业绩，采购中心主任赵海燕负责在客户上做文章。就这样，绿大地这辆造假的马车开始在上市的路途上狂奔了。主要有以下三步，见表2-2。

表2-2　　　　绿大地上市的三个步骤

1. 修改公司名称	把绿大地的公司名称加入“生物科技”的字样，以迎合市场和投资人的喜好
2. 注册一批由绿大地实际控制的公司	注册一批由绿大地实际控制的公司，利用其掌控的银行账户操控资金流转
3. 伪造上市的条件	伪造合同、发票和工商登记资料，虚构交易业务，虚增资产，虚增收入以达到上市的条件

事后稽查公开的数据显示，在绿大地上市前后，绿大地虚增资产3.37亿元，虚增收入5.47亿元，个别的资产竟然被虚增了18倍之多。尽管虚增收入，但是在2006年10月，绿大地的第一次上市却失败了。何学葵对此认为：“发行股票没有通过审核的原因主要就是有关市场调研运行、市场前景、大量募集资金投向与经营的问题。”

在何学葵“绿大地有条件要上市，没有条件也必须创造条件上市”的指导方针下，蒋凯西、庞明星等人最终还真把绿大地给鼓捣上市了。2007年12月21日，绿大地终于成功登陆中小企业板，募集资

金3.46亿元。绿大地成为了当时A股唯一一家绿化行业的上市公司，也成为了云南省第一家民营上市公司。

在绿大地上市挂牌的第一天，股价一路高涨，市值上涨了178%，最高时涨到了每股近64元。作为绿大地创办者、董事长的何学葵，一度拥有超过27亿元的资产。

2009年，在资本市场上凯旋的何学葵跻身胡润富豪榜，成为了媒体和地方政府关注的云南女首富。在喧嚣的聚光灯下，在资本市场上狂奔的绿大地此刻已经踏上了一条不能回头的路。

为了达到上市公司的要求，何学葵等人通过造假堆出虚假的繁荣。为了避免绿大地的资金链断裂，绿大地又在2009年8月提出了增发申请。

让何学葵没有想到的是，正是2009年8月提出的增发申请，让监管部门发现了绿大地造假上市问题的水下冰山，最终因为此次增发申请导致了整个骗局的败露。

2011年12月，云南省昆明市官渡区法院做出判决：绿大地公司构成欺诈发行股票罪，判处罚金400万元；原董事长何学葵判处有期徒刑三年，缓刑四年；其他几位被告也分别被判处二到四年的缓刑。

判决后，何学葵并没有上诉。但是昆明市检察院却提出了抗诉，认为判罚太轻。2012年5月7日，昆明市中级人民法院进行了第二次审判。这一次，检方又对何学葵等被告提出了违规披露重要信息罪、伪造金融票证罪和故意销毁会计凭证罪三项指控。其中伪造金融票证罪最高的刑罚是无期徒刑。中国新时代的云南女首富就这样悄然谢幕了。

在本案例中，为了上市，何学葵不惜造假，最终为自己的行为付出了惨重代价。

从何学葵的履历中我们就能看出，1990年7月，何学葵毕业于云南财

贸学院商业经济系，其后相继担任了云南省路达公司财务经理、云南省卫生厅升龙公司业务经理、昆明五华经贸公司总经理等职务；1996 年 6 月，何学葵联合其他股东组建了云南河口绿大地实业有限责任公司，任总经理，并于 2001 年 3 月公司整体变更为云南绿大地生物科技股份有限公司后担任董事长。至 2011 年 3 月 18 日，绿大地公司收到控股股东、董事长何学葵的辞职申请：因个人原因，何学葵申请辞去公司董事、董事长职务。

短短数年间，何学葵把一个仅有 20 万元流动资金、5 名员工的小花店发展成了一个注册资本为 4 400 多万元、总资产上亿元、拥有 250 多名员工的大型股份制企业。

这样的经营业绩说明何学葵是一位不可多得的精英人才。对此，中国证监会稽查大队稽查人员在接受采访时说："公司踏踏实实做苗木工程，做绿化，估计还可以，但是规模可能不会像现在这么大。"

当何学葵造假上市的事件被媒体披露后，有媒体把绿大地称为"银广夏第二"。因为绿大地和银广夏这两家公司的上市方法非常雷同，两家公司都是农业股，都是虚增利润、业绩造假。

何学葵"绿大地有条件要上市，没有条件也必须创造条件上市"的做法警示企业经营者，尽管上市融资对于任何一个企业来说都具有非常大的诱惑力，但是企业经营者一旦不计成本、盲目跟风，甚至造假上市，就可能会为之付出惨重的代价。就像上述案例中绿大地的创始人何学葵一样，不仅失去了实现自我价值的机会，连自己的前途也没有了，实在令人惋惜。众所周知，企业是一个与外界环境有密切关系的开放系统，其经营与发展不仅受到内部条件的影响，更主要是受到外部环境的制约，尤其是在快速发展的现代社会，竞争日趋激烈，许多不可预知因素都可能会导致企业不可避免地面临各种危机。

大量事实证明，在现代市场经济中，危机不断出现是企业持续发展和基业长青的最大障碍。危机爆发不仅会给企业带来重大的经济损失，还会损害企业的形象，甚至会导致企业的倒闭。华为 7 000 人"辞职门"

事件、三鹿集团的倒塌等都为企业乃至全社会敲响了警钟。如何预防、避免危机，正确应对发生的危机，成为了企业界和理论界非常重视的问题。①

第三节　危机与罗伯特·希斯的危机管理 4R 模式

在实际的经营管理中，企业危机管理的目的是为了有效地避免和减少危机带来的负面影响，最大化地将危机转化为提升企业正面影响的机会。

按照美国危机管理专家罗伯特·希斯的分析，危机决策包括事前决策和事中决策两种模式。这就意味着企业经营者不仅要重视危机事件发生后的事中决策，也要注重组织日常运作中的常规决策。

在《危机管理》一书中，罗伯特·希斯率先提出危机管理 4R 模式，即缩减（reduction）、预备（readiness）、反应（response）、恢复（recovery），见图 2-2。

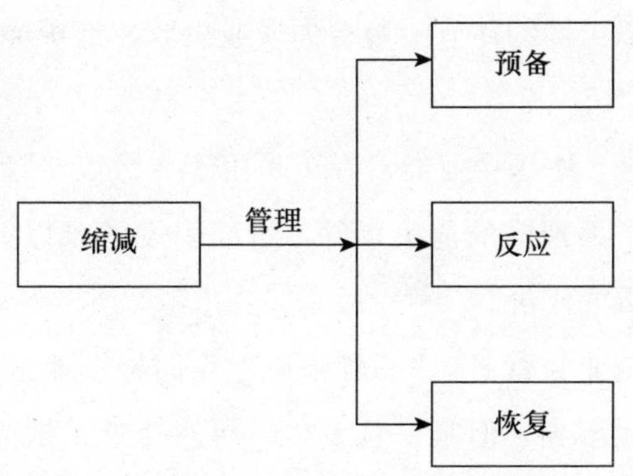

图 2-2　罗伯特·希斯的危机管理 4R 模式

罗伯特·希斯的危机管理 4R 模式中的预备、反应、恢复这三项其实是日常的危机管理模式，即危机预防、应对危机和恢复企业形象。预备和

① 黄林. 我国中小型企业危机意识的思考［J］. 中国集体经济，2009（19）.

反应这两种危机管理手段是事前决策和事中决策，这两种模式都需要企业经营者拥有较强的危机意识，特别是事前决策模式。

从目前中国企业经营者的决策现实分析，很多企业经营者在危机发生后很难在高度紧张和压力下，在有限的时间内迅速做出决策，控制危机事态的蔓延。很多企业经营者往往不能从发生的危机中吸取教训，举一反三，在危机决策时没有足够可参考的范例和资源，影响和制约了决策系统功能的正常发挥。

企业经营者若要提高自身的危机决策能力和决策效率，必须转变危机决策观念。随着人们对危机决策的深入研究，形成了一些基本的危机决策观念，概括起来主要有：事前决策观念、效率至上观念、沟通交流观念以及技术创新观念。①

北京大学经济学院副院长董志勇撰文指出：“作为一个合格的企业家，一定要有‘三只眼’：一看市场竞争；二看企业内部；三看政府政策。三个方面的任何一个对企业的影响都可能是致命的。另外，在现实中，随着创业步伐的加快，企业规模的增大，公司会遇到越来越多的危机。企业家必须牢记，在数以千计的环节中稍有失误或失职，都可能将整个公司拖入危机。”

在董志勇看来，中国企业经营者正是由于在数以千计的环节中稍有失误或失职而引发了大规模的危机事件，进而引发了难以控制的危机事件，并为之付出了惨重的代价。

董志勇告诫企业经营者：“一般来说，我们把企业危机定义为在正常情况下观测和预测不到，但是一旦发生，将对企业造成致命影响的事件，包括经营危机、信用危机和品牌危机等。然而，回顾国内、国外，企业对于危机的处理效果能够称得上是优秀案例的屈指可数，原因不只在于它们缺乏危机管理的能力，更重要的是缺少危机管理的意识。”

---

① 百度百科. 危机决策［EB/OL］. 2014. http://baike.baidu.com/view/425465.htm?fr=aladdin.

正如美国知名危机管理专家、莱克锡肯传播公司总裁史蒂文·芬克所言，企业家都应当像认识到死亡和纳税难以避免一样，必须为危机做好计划：知道自己准备好之后的力量，才能与命运周旋。

在很多论坛上企业家都热衷于畅谈危机管理，强调较多的仍然是“危机公关”。如冠生园的陈馅月饼事件和秦池的勾兑酒事件，这些事件表面上看来是危机公关不当，然而究其根本原因，媒体曝光只不过是一个导火索而已，企业的长期管理不当造成的病入膏肓才是根本原因。就像“青蛙理论”一样，很多企业内部的一些小问题日积月累，使企业逐步失去了解决问题的能力和机制，最后濒临死亡。这些问题是危机公关无能为力的。所以，我们谈危机管理也绝不能忽视危机背后积累已久的问题。[①]

① 董志勇．企业领导者面对问题时　危机管理意识不可缺少［N］．民营经济报，2004-11-09.

第三章 居安思危与任正非的《华为的冬天》

“居安思危”一直是任正非的讲话中极为重要的一个部分，无论是《华为的红旗还能打多久》《华为的冬天》，还是《华为要做追上特斯拉的大乌龟》，强烈的危机感一直贯穿其中。这种危机感激发了华为的内部活力，使其不断迎接挑战，缓解了各种各样外部不利因素的影响，最后顽强地生存了下来。①

在中国的企业家中，任正非是一个忧患意识较重的企业家，在华为的发展过程中，任正非浓浓的危机意识渗透在华为的经营管理中。如同任正非所言：“10 多年来，我天天思考的都是失败，对成功视而不见，也没有什么荣誉感、自豪感，而是危机感。也许是这样才存活了 10 多年，失败这一天一定会到来，大家要准备迎接，这是我从不动摇的看法，这是历史规律。”

正是任正非强烈的危机感，使华为在行业竞争中闯过了无数的险滩和

---

① 梁薇薇. 华为放弃美国被唱衰：是匹饱富乌龟精神的“狼”［N]. 中国产经新闻报，2014-01-16.

暗礁；正是任正非浓浓的危机意识，使华为从一家深圳小企业发展为世界网络设备供应商；正是“华为没有成功，只有成长”的居安思危的思维，不断推动华为的变革和创新。对此，任正非说：“因为优秀，所以死亡。创业难，守业难，知难不难。高科技企业以往的成功，往往是失败之母，在这瞬息万变的信息社会，唯有惶者才能生存。”

第一节 任正非天天都在思考面临的危机

当我翻阅10多年来任正非的讲话时发现，华为的成长过程，无处不在地体现了任正非的“危机意识”。危机管理研究专家晓忆撰文指出，“危机意识是一种领导者积聚能量的内心动力，更是一种超前的战略思维，它驱动着整个组织保持对外界刺激的敏感性，保持了一种警惕和临界状态，从而激发了华为这家大公司的活力。”①

北京大学国家发展研究院BiMBA商学院院长杨壮教授在接受媒体采访时坦言：“任正非不断提到华为的冬天，不断提到竞争，危机意识已成为优秀企业家的基因。”

在杨壮看来，华为的成功主要源于任正非的冬天危机。公开的年报数据显示，2013财年华为实现销售收入2 390亿元人民币（约395亿美元），同比增长8.5%，净利润为210亿元人民币（约34.7亿美元），同比增长34.4%。根据之前爱立信公布的年报，2013年爱立信营业收入353亿美元，与2012年基本持平，净利润为19亿美元。市场调研公司Infonetics Research 2013年发布的设备供应商领军公司记分卡显示：华为排名第一，紧随其后的是爱立信和思科。

从这组数据可以看出，华为如今已经成为通信行业的巨人。然而，在华为的发展过程中，居安思危的意识植入了华为的每个员工心中。在很多场合下，任正非都用“温水煮青蛙”的悲剧来警示华为的员工。对于青蛙

① 晓忆．任正非：华为没有成功，只有成长［J］．世界经理人，2013（1）．

的这个实验，我敢肯定的是，任正非是非常熟知的，也是非常警惕的。

在《北国之春》一文中，任正非是这样写的：

“我曾数百次听过《北国之春》，每一次都热泪盈眶，都为其朴实无华的歌词所震撼。《北国之春》原作者的创作之意是歌颂创业者和奋斗者的，而不是当今青年人误认为的一首情歌。

“在樱花盛开春光明媚的时节，我们踏上了日本的国土。此次东瀛之行，我们不是来感受异国春天的气息，欣赏漫山遍野的樱花，而是为了来学习度过冬天的经验。

“一踏上日本国土，给我的第一印象还是与十年前一样宁静、祥和、清洁、富裕与舒适。从偏远的农村，到繁华的大城市，街道还是那样整洁，所到之处还是那样井然有序；人还是那样慈祥、和善、彬彬有礼，脚步还是那样匆匆；从拉面店的服务员，到乡村小旅馆的老太太，从大公司的上班族，到……所有人都这么平和、乐观和敬业，他们是如此地珍惜自己的工作，如此地珍惜为他人服务的机会，工作似乎是他们最高的享受，没有任何躁动、不满与怨气。在我看来，日本仍然是十年前的日本，日本人还是十年前的日本人。

“但谁能想到，这十年间日本经受了战后最严寒和最漫长的冬天。正因为现在的所见所闻，是建立在这么长时间的低增长时期的基础上，这使我感受尤深。日本的绝大多数企业，近八年没有增加过工资，但社会治安仍然比北欧还好，真是让人赞叹。日本一旦重新起飞，这样的基础一定让它一飞冲天。华为若连续遭遇两个冬天，就不知道华为人是否还会平静，沉着应对，克服困难，期盼春天。

“日本从20世纪90年代初起，连续十年低增长、零增长、负增长……这个冬天太长了。日本企业是如何度过来的，它们遇到了什么困难，有些什么经验，能给我们什么启示？

“这是我们赴日访问的目的所在。

“华为经历了十年高速发展，能不能长期持续发展，会不会遭遇低增长，甚至是长时间的低增长；企业的结构与管理存在什么问题；员工在和

平时期快速晋升，能否经受得起冬天的严寒；快速发展中的现金流会不会中断，如在江河凝固时，有涓涓细流，不致使企业处于完全停滞……这些都是企业领导人应预先研究的。

“华为总会有冬天，准备好棉衣，比不准备好。我们该如何应对华为的冬天？这是我们在日本时时思索和讨论的话题。”

在任正非的文章中，《北国之春》是任正非典型危机思维的代表作。2004 年 10 月 19 日，任正非出访和考察日本，归国后任正非总结了此次考察的目的。正如任正非所言，此次赴日考察并非为了感受异国春天的气息，欣赏漫山遍野的樱花，而是为了来学习日本度过冬天的经验，即便是今日今时仍然具有很大的现实意义。

在内部讲话中，危机是任正非提到过的频率最高的词语。任正非坦言：“历史给予华为机会，我们要防微杜渐，居安思危，才能长治久安。如果我们为当前的繁荣、发展所迷惑，看不见各种潜伏着的危机，我们就会像在冷水中不知大难将至的青蛙一样，最后在水深火热中魂归九天。”

当华为取得较好业绩时，清醒的任正非告诫华为人说：“华为没有成功，只有成长。”任正非的理由是：“由于资金的不平衡，公司一次又一次地面临危机，一次又一次地被推到危险的边缘。是谁挽救了公司？是什么神在暗中保佑公司？是集体奋斗之神、是数千员工及家属之魂托起的气场保佑了公司。尤其是在市场部‘胜则举杯相庆，败则拼死相救’的工作原则感召下，多少英雄儿女放弃科学家梦，一批又一批奔赴前线。”

第二节 凭什么说华为的危机、破产定会到来

纵观华为的发展之路，危机意识始终融入华为的经营管理之中，北京大学国家发展研究院 BiMBA 商学院院长杨壮分析说：“任正非富有远见。2001 年，他发表《华为的冬天》的讲话时，就意识到华为不能只靠单一、纵深的产品打开市场，华为必须由单一通信产品如交换机、路由器向整个 IT 网络产品供应商转变；在深圳周边的一些电子厂商专注于产

品竞争时，华为确认‘以客户价值为核心’的增长方式，大手笔投入研发。专注于科技研发和技术领先，改变了华为后来的竞争态势和方向。在 20 世纪 90 年代末，大多数中国企业在国内市场上进行蓝海竞争的时候，任正非已将华为的发展视角转向海外，全面推动华为的国际化。经过十多年的奋斗，华为如今实现了跨国公司版图。华为的转型和领导者的素质有直接关系。”

在杨壮看来，华为的成功转型与任正非的领导素质有着直接关系。华为的发展模式不仅给中国企业经营者树立了一个榜样，同时也让跨国公司胆战心惊。究其原因，任正非的危机意识不但有助于提升团队凝聚力和战斗力，同时还可以驱动华为的持续变革和创新。

合众资源企业管理顾问机构董事长刘承元博士撰文指出，“在芯片战略上，任正非强调要坚持自主创新，除使用高通、得仪等国外厂商的高端芯片外，华为要自主研发芯片做战略防御之用。华为的做法是后来居上者不得不做的现实选择，即先跟随，后创新，再超越。国际化的竞争局面会有许多意外的情况发生，企业领导层必须时刻警惕着，自己少犯或不犯错误；时刻准备着，等到对手犯错时一招制胜。”

关于华为的冬天的讨论并非在任正非去日本考察之时才有，而是在任正非去会晤时任阿尔卡特公司董事长瑟奇·谢瑞克时就有了。

21 世纪初的夏季，时任阿尔卡特公司董事长的瑟奇·谢瑞克在法国波尔多地区自家的葡萄酒庄园里接待了前来参观访问的华为创始人任正非。

经过简单的寒暄问好之后瑟奇·谢瑞克向任正非介绍说道：“我一生投资了两个企业，一个是阿尔斯通，一个是阿尔卡特。阿尔斯通是做核电的，经营核电企业要稳定得多，无非是煤、电、铀，技术变化不大，竞争也不激烈；但通信行业太残酷了，你根本无法预测明天会发生什么，下个月会发生什么……”

在瑟奇·谢瑞克看来，通信行业犹如丛林法则一样残酷。对此观点，任正非非常赞同。2001 年 3 月，正当华为发展势头非常良好时，任正非在企业内刊上发表了《华为的冬天》一文。这篇力透纸背的文章不仅是对华

为的警醒，还适合于整个行业。接下来的互联网泡沫破裂让这篇文章广为流传，“冬天”自此超越季节，成为了危机的代名词。

众所周知，瑟奇·谢瑞克是一位广受企业界尊崇的实业家和投资家，他所创的阿尔斯通和阿尔卡特公司都是世界知名的企业。如阿尔卡特是全球电信制造业曾经的标杆企业。尤其在美国 2001 年互联网泡沫破裂之后，阿尔卡特与爱立信、诺基亚、西门子这几家欧洲电信企业，并肩成为貌似“坚不可摧”的业界巨擘。欧洲普遍的开放精神不仅快速地培育出几大世界级的电信制造商，而且造就了一批全球化的电信运营商，英国电信、法国电信、德国电信、西班牙电信、沃达丰……它们不仅在欧洲各国，而且在全世界各大洲都有网络覆盖，而美国、日本以及中国的电信企业，与欧洲同行相比，显然是有距离的。①

正如瑟奇·谢瑞克所言，在通信行业，根本无法预测明天会发生什么。爱立信、诺基亚这两个巨头也在经过辉煌之后陨落。

在如此居安思危的管理下，激烈的竞争无疑会使得企业不进则退。在 21 世纪初期，华为正处于艰难的爬坡阶段。作为“领路者”的阿尔卡特公司经营者都感到未来的困惑与迷茫，这使任正非异常震惊。当任正非结束访问回国后，他向华为高层多次复述瑟奇·谢瑞克的观点，并提问：华为的明天在哪里？出路在哪里？

其后，在华为科级以上干部大会上，任正非做了名为《2001 年十大管理工作要点》的报告，其讲话内容被加题为《华为的冬天》在各大企业管理者中广泛传播。许多企业的领军人物，如创维的黄宏生、联想的杨元庆以及东软的刘积仁，在读到此文后纷纷认为“这篇文章说出了所有干企业的人的感受”。任正非在此文中指出，繁荣的背后是萧条，我们在春天与夏天要念着冬天的问题。居安思危，不是危言耸听。这是总裁与员工共同为冬天做准备的经典范例。②

---

① 田涛，吴春波．下一个倒下的会不会是华为［M］．北京：中信出版社，2012．

② 蓝维维．从任正非的《华为的冬天》看企业人文管理［N］．南方都市报，2002-01-28．

在该文中，任正非坦言："华为的危机以及萎缩、破产是一定会到来的。"他说："现在是春天吧，但冬天已经不远了，我们在春天与夏天要念着冬天的问题。IT 业的冬天对别的公司来说不一定是冬天，而对华为可能是冬天。华为的冬天可能来得更冷一些。我们还太嫩，我们公司经过十年的顺利发展没有经历过挫折，不经过挫折就不知道如何走向正确道路。磨难是一笔财富，而我们没有经过磨难，这是我们最大的弱点。我们完全没有适应不发展的心理准备与技能准备。

"危机的到来是不知不觉的，我认为所有的员工都不能站在自己的角度立场想问题。如果你们没有宽广的胸怀，就不可能正确对待变革。如果你不能正确对待变革，抵制变革，公司就会死亡。在这个过程中，大家一方面要努力提升自己，一方面要与同志们团结好，提高组织效率，并把自己的好干部送到别的部门去，使自己的部下有提升的机会。你减少了编制，避免了裁员、压缩。在改革过程中，很多变革总会触动某些员工的一些利益和矛盾，希望大家不要发牢骚，说怪话，特别是我们的干部要自律，不要传播小道消息。"

在任正非看来，只有居安思危，才能避免"温水煮青蛙"的悲剧。在该文中，任正非断言："沉舟侧畔千帆过，病树前头万木春。网络股的暴跌必将对两三年后的建设预期产生影响，那时制造业就惯性进入了收缩。眼前的繁荣是前几年网络股大涨的惯性结果。记住一句话：'物极必反'，这一场网络设备供应的冬天，也会像它热得人们不理解一样，冷得出奇。没有预见，没有预防，就会冻死。那时，谁有棉衣，谁就活下来了。"

在任正非署名文章《一江春水向东流》中，任正非这样写道：

> 我不知道我们的路能走多好，这需要全体员工的拥护以及客户和合作伙伴的理解与支持。我相信由于我的不聪明引出来的集体奋斗与集体智慧，若能为公司的强大、为祖国、为世界做出一点贡献，多年的辛苦就值得了。

我知识的底蕴不够，也并不够聪明，但我容得了优秀的员工与我一起工作，与他们在一起，我也被熏陶得优秀了。他们出类拔萃，夹着我前进，我又没有什么退路，不得不被“绑”着、“架”着往前走，不小心就让他们抬到了峨眉山顶。

我也体会到团结合作的力量。这些年来进步最大的是我，从一个“土民”，被精英们抬成了一个体面的小老头，因为我的性格像海绵一样，善于吸取他们的营养，总结他们的精华，而且大胆地开放输出。

那些人中精英，在时代的大潮中，更会被众人团结合作抬到喜马拉雅山顶。希腊大力神的母亲是大地，他只要一靠在大地上就力大无穷。我们的大地就是众人和制度，相信制度的力量，会使他们团结合作把公司抬到金顶的。

作为轮值CEO，他们不再是只关注内部的建设与运作，同时，也要放眼外部，放眼世界，要自己适应外部环境的运作，趋利避害。我们伸出头去，看见我们现在是处在一个多变的世界，风暴与骄阳，和煦的春光与万丈深渊……并存着。我们无法准确预测未来，仍要大胆拥抱未来。面对潮起潮落，即使公司大幅度萎缩，我们不仅要淡定，也要矢志不移地继续推动组织朝向长期价值贡献的方向去改革。要改革，更要开放。要去除成功的惰性与思维的惯性对队伍的影响，也不能躺在过去荣耀的延长线上，只要我们能不断地激活队伍，我们就有希望。

历史的灾难经常是周而复始的，人们的贪婪，从未因灾难改进过，过高的杠杆比，推动经济的泡沫化，总会破灭。我们唯有把握更清晰的方向，更努力地工作，任何投机总会要还账的。

经济越来越不可控，如果金融危机进一步延伸，货币急剧贬值，外部社会动荡，我们会独善其身吗？我们有能力挽救自己吗？对于我们行驶的航船，员工会像韩国人卖掉金首饰救国家一样，给我们集资买油吗？历史没有终结，繁荣会永恒吗？

我们既要有信心，也不要盲目相信未来，历史的灾难，都是我们

的前车之鉴。我们对未来的无知是无法解决的问题，但我们可以通过归纳找到方向，并使自己处在合理的组织结构及优良的进取状态，以此来预防未来。死亡是会到来的，这是历史规律，我们的责任是不断延长我们的生命。

千古兴亡多少事，一江春水向东流，流过太平洋，流过印度洋……不回头。

从任正非的文章中，我们依然可看出其较强的危机意识。在这里，我要告诫企业经营者的是，在企业经营中，不断变动的竞争环境使得危机无处不在。因此，一旦觉察不到危机的存在，这其实显示企业已处于最大的危机环境中。

第三节　华为的第四次危机与华为的红旗到底能打多久

研究发现，任正非浓厚的危机意识不仅保证了华为没有遭遇滑铁卢，同时也是基于对华为未来的战略思考。合众资源企业管理顾问机构董事长刘承元博士在接受媒体采访时高度评价了任正非的危机意识："任正非在决策中的危机意识绝非泛泛而谈的危机意识，而是基于对未来先见和洞察之上的战略思考。任正非在 2012 实验室谈话中指出华为的优势是管道，终端基本不存在优势，就是一种危机意识的体现。他同时指出在华为技术平台的构建中，芯片和终端操作系统是技术创新头脑风暴的焦点。这是华为审时度势的一个战略选择。

"对华为来说，要与国际超一流企业共舞，没有核心技术不行，否则就将受制于人，所以要做芯片；没有广泛的客户支持也不行，有市场才是硬道理，所以要做终端。尽管我们还不能断定华为一定能够通过新的思维模式打破现在的局面，但是华为开始尝试挑战这种局面本身就是一种巨大的进步。"

刘承元博士的评价是非常客观的，该观点得到了韬睿惠悦人力资本咨

询华南区总经理高原博士的高度认可，高原博士曾在华为人力资源体系任职多年，对任正非的危机意识有近距离的感受。高原博士说：“任正非的危机感随着企业发展的不同阶段呈现不同的层次。在华为刚创立、公司规模比较小的时候，任正非说，我每天考虑的是华为如何活下去。所有的经营都围绕这个展开，聚焦于人才、产品、资金链等问题。华为做大之后，任正非反复倡导打造开放、包容、公共的平台。他在2012年的一次谈话里提到华为不能闭门搞研发，一定要开放、吸收别人的优势，只做自己核心的产品和技术，创新围绕人类的价值来开展。”

在多年前，华为刚刚跻身中国电子百强首位时，可能一些经营者看到这样的业绩，绝对会举杯相庆。然而，任正非却嗅到华为的冬天。在获得喜人业绩的时刻，任正非带领华为人开拓海外市场。正是这样的危机意识，使得10年后华为的海外收入占到了总销售收入的75%，已经位于世界通信业的第二位。取得这样的业绩时，此刻的任正非同样充满忧患意识：“华为公司若不想消亡，就一定要有世界领先的概念。我们只有瞄准业界最佳才有生存的余地。”

不可否认，华为之所以能够在动荡的市场环境中漂亮地实现对竞争对手的弯道超越，是因为在任正非的超前的危机意识下，还没有爆发危机时已经提前做好准备。任正非说：“华为二十几年都只做一件事，就是坚持管道战略。人只要把仅有的一点优势发挥好了就行，咬定青山不放松，一步一步就叫步步高。”

在任正非看来，居安思危是保证企业生存和发展的有效手段。正因如此，在华为的发展中，在任正非的管理视野中总是充满冬天。在第一阶段的8年冬天里，华为的增长势头较为迅猛；即使在国际通信市场上，华为与世界上最大的通信设备供应商们同台竞技也并不逊色。

在这样有利于华为的大好形势下，任正非却再一次警告华为人说冬天要来了：“冬天也是可爱的，并不是可恨的。我们如果不经过一个冬天，我们的队伍一直飘飘然是非常危险的，华为千万不能骄傲。所以，冬天并不可怕，我们是能够度过去的。”

可以这样说，任正非居安思危的危机意识是中国企业家不可多得的典范。这样的忧虑足以说明任正非对华为发展的忧患，因为任正非认为，华为的第四次危机随时可能到来，华为的红旗到底能打多久无疑是横亘在任正非面前的不得不思考的问题。

第四章 没有危机意识的企业没有竞争力

美国一个名叫爱德华·墨菲的工程师曾做出过一个著名论断——墨菲定律，即事情如果有变坏的可能，不管这种可能性有多小，它总会发生。

这样的观点同样适用于危机管理。既然危机总会发生，那么最好的办法就是做好危机管理防范工作，把危机可能发生的概率减到最小，这才是有效的危机管理。正如上海市委党校公共管理教研部董幼鸿老师所言："最好的危机管理就是避免危机的发生，要做到关口前移，预防为主。"

在实际经营中，预防在企业危机管理中的作用非常重要。对此，中欧国际工商管理学院刘吉院长强调："古往今来，只有常胜将军，没有永胜将军。商场为战场，只有常胜企业家，没有永胜企业家。企业危机乃至商海沉浮，都是经常发生的事，关键在于正确应对。因此，危机管理是一门大学问，是企业管理不可分割的重要组成部分。"

在刘吉看来，危机管理是企业管理中不可分割的重要组成部分，同时还是一门大学问。因此，在应对危机时，不能机械地、似是而非地处理问题。

第一节　任何危机都应该制定多套应对预案

英国批判现实主义小说家查尔斯·狄更斯（Charles Dickens）在小说《双城记》中的第一句话是："这是最好的时代，这是最坏的时代；这是智慧的时代，这是愚蠢的时代；这是信仰的时期，这是怀疑的时期；这是光明的季节，这是黑暗的季节；这是希望之春，这是失望之冬；人们面前有着各样事物，人们面前一无所有；人们正在直登天堂，人们正在直下地狱。"

狄更斯100多年前的叙述放到今天也仍然有效。如今对于任何一个中国企业经营者而言，这不仅是一个危机四伏的年代，像信誉危机、决策危机、经营管理危机、灾难危机、法律危机、人才危机、媒介危机、安全生产危机、产品质量危机、劳资纠纷危机、战略危机、文化危机和财务危机等各类危机在不时地发生着，同时这也是充满机会的时代，各种各样的机会遍地都是。

众所周知，为了有效地应对危机事件，企业经营者及其所有成员不仅需要共同参与，还必须能够创新地处理危机事件。一旦爆发企业危机事件，企业经营者应该及时应对，有针对性地采取危机公关，绝对不能机械地按照危机管理的办法应对危机，应该有效地避免危机事件的升级。

2014年3月22日晚，一条信息引发的危机袭击了携程。漏洞研究机构乌云平台对外曝光宣称，携程系统开启了用户支付服务接口的调试功能，该功能的调试使所有向银行验证持卡所有者接口传输的数据包都会直接保存在本地服务器上，包括信用卡、身份证、卡号、CVV码等信息都可能遭到黑客的任意窃取。

这样的信息对于携程来说如同一声惊雷，因为这样的安全漏洞可能会影响携程数以亿计用户的财产安全。这则曝光的信息引发的恐慌和担忧亦如野火一般蔓延开来。媒体和研究者们对这一消息都较为关

注，特别是携程的用户，其传播速度异常惊人。中国上市公司舆情中心监测数据显示，在“泄密门”事发后短短几天时间内，以“携程+安全漏洞”为关键词的新闻及转载量高达120万篇，如果按照危机事件的衡量维度，这起危机事件已经达到“橙色”高度的预警级别。

2014年3月22日晚23时22分，面对巨浪般的负面信息，携程不得不做出回应。它在官方微博上回应称，漏洞系该公司技术调试中的短时漏洞，并已在两小时内修复，只有2014年3月21日、22日的部分客户存在信息被泄露的风险，目前没有发现用户受到该漏洞的影响造成相应财产损失的情况，并表示将持续对此事件进行通报。

携程的回应引发了用户的重重回击。微博认证为“广西北部湾在线投资有限公司总裁”的严茂军声称，携程的官方信息完全是“瞎扯”，并附上信用卡记录为证。严茂军的回击是有依据的，作为携程的钻石卡会员，他曾于2014年2月25日致电携程，他的几张绑定携程的信用卡竟然被盗刷了十几笔外币。接到投诉的携程当时回复称“系统安全正常”。在投诉无果后，严茂军以强烈的语气建议携程应该加强安全内测。严茂军在微博上说：“尽快重视和处理用户问题，水能载舟，亦能覆舟。”

严茂军的博文得到了网友将近800次转发，评论为150多条，大多对严茂军的诉求表示支持。

在新一轮的危机声浪中，携程不得不再次回应。2014年3月23日，携程官方微博再以长微博形式发表声明称，93名潜在风险用户已被通知换卡，其余携程用户的用卡安全不受影响。

迟来的携程的微博公关并没有收到其预想的成效，许多网友在其微博上留言，并质问携程怎样才能确认用户的信用卡安全。面对客户的诸多质问，携程的客服视若无睹，仅以“关于您反馈的事宜，携程非常重视，希望今后提供更好的服务”等官方话语加以回应。

越来越多的信息被媒体公开披露，这些信息皆揭示携程存在违规存储用户信用卡信息同时没有能够妥善保存的问题。在重重压力下，携程于2014年3月25日不得不发出最新声明，承认携程此前的操作流程中确有违规之处，今后携程将不再保存客户的CVV信息；以前保存的CVV信息将删除。

2014年3月26日，21世纪网指出，携程保存客户信息属于违反银联的规定，携程不是第三方支付机构，无权保留银行卡信息。另外，PCI-DSS（第三方支付行业数据安全标准）规定不允许存储CVV，但携程支付页面称通过了PCI-DSS认证，同样令人费解。

《21世纪经济报道》更是简单明了地表示："此前携程曾有意向接入该系统，但是公司工作人员去考察之后发现，携程系统要整改难度太大，业务种类多且交叉多，如果按照该系统接入而整改会使架构有所变化。"

针对媒体的诸多质疑，携程一直保持沉默，不少业内人士已经忍不住跳出来指责其"闭着眼睛撒谎"。

2014年3月27日，《中国青年报》更是发表题为《大数据时代个人隐私丢哪儿了》的署名文章，谴责企业"在用户不知情的情况下搜集有限的数据，在一定程度上忽略了人的权利"，从而引发了新一轮危机风波。

在本案例中，一则信息让携程陷入了有史以来最大的信任危机。在携程的危机应对中，可圈可点的是，当危机爆发后，即2014年3月22日18时爆出泄密门，携程官方微博即在同日23时22分做出回应，并于23日发布了持续的事件通报。携程的危机公关应对还算及时，这一点符合速度第一原则。然而，由于其解决问题的态度缺乏诚意，引发了公众的更多质疑，危机愈演愈烈。

携程在危机公关的层面未如其财报一样闪亮，携程的危机应对诚意不

足，专业欠缺。抛开使普通公众云里雾里的技术漏洞不言，携程在回应上的态度遮遮掩掩，更谈不上开诚布公，显见其中虚实。

对此，危机公关专家游昌乔点评说："'泄密门'被曝光后，携程坚称'网络支付是安全的'，并表示携程用户持卡人的所有支付信息'均按照国际信用卡支付安全标准的要求，经过加密处理'，并将'泄密门'原因归结于'个别技术开发人员'的疏忽。对于用户的质疑始终含糊其词，最后在重重压力下承认此前的操作流程中确有违规之处，然而此时携程的品牌形象已经受损。"

在游昌乔看来，在危机发生后，携程仅仅是通过官方微博做出回应，对于用户的质疑也没有采取更多具体举措，不符合系统运行原则。

在危机发生后，携程不断通过官方微博对事件做出回应，但并未收到预期的效果。对于用户的持续质疑，携程的客服没有拿出解决问题应有的诚意，而是以官方话语加以回应，其敷衍塞责的态度导致危机更加激烈。

在整个危机处理过程中，携程始终在自说自话，没有邀请权威的第三方为自己证言，不符合权威证实原则。因此，企业经营者在处理危机事件时一定要根据不同的市场采取"非程序化"危机应对措施，这样才能达到危机应对的目的，否则，危机事件不仅升级，还会激化消费者更大程度的抵制。

第二节　"生于忧患，死于安乐"的危机内涵

在危机管理中，一旦一个企业没有危机意识，那么这个企业就没有竞争力。在中国改革开放30多年的发展中，一些中国企业刚刚创建可能就面临倒闭的危机。

中国企业倒闭的很多，也没有什么可怕的，不过，可怕的是，企业经营者没有正确认识到企业倒闭的危机。生于忧患，死于安乐，这样的道理同样适用于企业管理，一个没有真正经历危机考验的企业，无疑是永远都

长不大的企业。

众所周知，危机管理是一个综合性管理科学，不仅包含日常的企业管理，而且包括危机预警和防范、应对体系。这样的危机管理介绍尽管寥寥几字，但是真正做到可谓“蜀道难，难于上青天”。很多企业在实际应对中付出了惨重的代价。即使很多跨国公司，也经常由于自身的傲慢和偏见，导致危机管理屡屡失误，失去了大片的市场，甚至有的跨国公司不得不退出市场。在诸多跨国公司中，惠普中国就是其中的一个。

在 2010 年“3·15”晚会上，中央电视台对两款惠普笔记本电脑的大规模质量问题进行了报道，称 12315 热线和全国各地的消费者协会收到了大量针对惠普 DV2000 和 V3000 笔记本电脑的投诉。

该报道还称，在武汉，有消费者购买的惠普 V3000 笔记本电脑无法开机。在北京有 7 位大学生购买的惠普 DV2000 笔记本电脑陆续罢工。为什么相同的故障集中出现在 DV2000 和 V3000 笔记本电脑中？中央电视台记者探访了惠普中国公司总部。

记者得到的答复是：“在那里可能是几个月才发生一起，你说大规模爆发，在我们这里看，我们连影儿都没见着。”

然而，这样的答复显然是在回避责任。在调查过程中，2009 年 11 月 2 日，中央电视台记者在武汉维修部见到多位惠普 DV2000 和 V3000 的用户。在这个维修点一个月 3 000 张维修单中，DV2000 和 V3000 的单子就占一半。

可能读者会问：是什么原因使惠普 DV2000 和 V3000 笔记本电脑出现大量故障呢？惠普把责任推给消费者。惠普官方网站上是这样说明的：惠普发现某些 DV2000、DV6000、V3000 的故障，笔记本电脑无法启动。这个说明与 DV2000 和 V3000 笔记本电脑用户的问题十分吻合。

当被问及笔记本电脑硬件方面的问题到底是什么时，惠普并没有做出明确解释。2009 年 12 月 17 日，中央电视台记者第二次来到惠普中国公司总部，得到的是这样的回答："一是用户本身的问题，是用户的使用方式方法有问题。二是我们目前没有报告说我们的配件质量有问题，暂时没有收到这样的报告。"

在惠普的官方网站上明明报告了惠普DV2000和V3000笔记本电脑存在硬件问题，但惠普中国的代表并不认为他们的产品存在任何缺陷和质量问题，相反，客户体验专员更是强调，用户要从自身找原因。惠普中国是这样回复的："我们也解决不了中国学生宿舍的蟑螂问题，那是非常恐怖的。那些蟑螂都长得那么长，这都叫使用环境。"

在此次"3·15"晚会中，中央电视台报道称，"惠普公司员工认为出现故障与消费者使用环境脏乱差有很大的关系，惠普自称的有限保修服务增强计划，只是将出现故障的相关型号笔记本电脑的保修期不是两年的延长至两年，而事实上惠普DV2000、V3000两大笔记本电脑的保修期就是两年，所谓的增强计划没有实质意义。到发生故障需要维修时，用户已经享受不到任何保修服务了。"

事实上，根据国家三包政策，一旦更换主要部件，三包有效期自更换之日起必须重新计算，也就是更换后的主要部件的三包有效期，自更换之日起，重新享受两年保修期。

然而惠普公司只把更换部件的笔记本电脑的三包有效期，自更换之日起仅仅延长了三个月。央视的调查结果显示，惠普所有型号的笔记本电脑都执行这一规定，即主要部件经过维修更换后，其三包有效期自更换之日起只延长三个月。不仅如此，许多用户在三包有效期内，主要部件维修达到两次以上，惠普服务部也只给维修，不肯更换新机。

越来越多的惠普DV2000、V3000笔记本电脑遭遇相同的故障，惠普中国的做法激怒了来维修笔记本电脑的消费者。很多用户还成立了惠普维权QQ群，在两年多的时间内维权QQ群就达到20多个，且数量依旧在攀升。在维权QQ群里，消费者用各种方式诉说自己的经历。

2009年12月31日，当央视“3·15”栏目组的记者第三次来到惠普中国公司总部采访时，惠普中国的工作人员仍然否认DV2000、V3000笔记本电脑存在质量问题。

在“3·15”晚会后，2010年3月16日凌晨，惠普中国在中文官网公开道歉，并推出“客户关怀增强计划”，即为问题笔记本电脑提供延长保修等服务。惠普表示考虑对曾支付过主板邮寄和维修费用的用户提供补贴，但未对消费者的召回要求给予回应。

在本案例中，惠普作为世界上较为知名的跨国公司，被中国最具影响力的媒体推上了“3·15”晚会舆论审判平台，足以说明惠普中国令人吃惊的危机管理。

事实上，“3·15”维权日对于任何一个企业，即使是世界500强企业来说，都是值得警惕的黑色日子。中央电视台会根据消费者协会的投诉数据调查相关产品质量，一旦被“3·15”晚会点名批评，该企业就会面临名誉扫地，甚至是倒闭的危机。

从危机管理的角度来分析，惠普中国在此次危机事件中存在两点失误：第一，对中央电视台的危机公关缺乏相应的沟通；第二，对消费者过往的投诉重视不足。危机管理专家林景新撰文指出，“惠普的金牌服务一向备受中国消费者质疑，这种服务外包的方式过分依赖外包公司，往往导致对终端监控不到位，最终损害的是惠普自我吹嘘的金牌服务招牌。数以千计的消费投诉事件的累积，最终引发了重大危机事件的爆发。”

这次危机事件给惠普敲响了警钟，在林景新看来，该事件让曾经在中国耀武扬威的惠普不仅名誉扫地，同时也让惠普进入中国20多年后由于危机管理应对欠妥而受到一记重击。

惠普作为一个成熟的跨国公司，拥有自己庞大的公关团队，可以与外部公关咨询公司共同应对危机，然而它却将绝大部分精力用在危机爆发之后如何摆平媒体上，忽视了危机管理体系的建设以及处理消费者的投诉。惠普的这种本末倒置的做法自然使得惠普危机的爆发成为一种必然，而且在危机爆发后并未重视应对危机，并认为不可收拾的局面还没有出现。这一切使得惠普危机再次爆发和蔓延，令惠普笔记本电脑在中国市场上的销售一落千丈，惠普的代价之大早已超出了其预料。

惠普的危机处理失误警告中国企业经营者，一旦企业经营者没有危机意识，企业也就没有较强的竞争力，即使是世界500强的惠普也是如此，更不用说资金和技术等都较为缺乏的企业了。

林景新为此撰文建议惠普说："惠普应该看到在公司发展的同时，基层方面的工作也要做足，不能只看到生意的增长，而应该考虑到最终拉动生意增长的消费者体验和感受。"

第三节　危机处理需要完善的危机管理体系

在很多企业内训中，由于工作关系，我会跟很多中国企业经营者谈到要提升危机管理的能力。然而，由于危机管理一词是一个舶来品，在中国出现危机管理的时间不长，一些中国企业经营者自然对之感到较为陌生。

其实，中国企业经营者是在20世纪90年代后才开始了解危机管理的。在欧美国家的教科书中，往往把危机管理（crisis management）称为危机沟通管理（crisis communication management）。究其原因，就是为了加强企业信息的披露与公众的沟通，有效地争取公众的谅解与支持。

读者可能会问："什么是危机管理?"所谓危机管理，是指企业、政府部门或其他组织为应对各种危机情境所进行的规划决策、动态调整、化解处理及员工培训等活动过程，其目的在于消除或降低危机所带来的威胁和损失。①

从危机管理的定义中不难看出，在日常的危机管理中，可将危机管理分为两个部分：（1）危机爆发前的预警；（2）危机爆发后的应急善后管

① 百度百科. 危机管理［EB/OL］. 2014. http://baike.baidu.com/subview/95227/5142495.htm? fr=aladdin#ref_[1]_5142495.

理。然而，由于中国企业缺乏与之配套的危机管理，因此往往使得危机事件迅速扩大。

因此，要想有效地应对危机，就必须创建一个完善的危机管理体系。从危机管理的定义中不难看出，危机管理是一门较为专业的管理科学。研究这门科学的目的是为了应对突发的危机事件，尽量使损害降至最低点而事先采取防范、处理和应对的措施。

对一个企业而言，企业危机的事项主要是指企业面临着与社会大众或顾客有密切关系且后果严重的重大事故。在完善的企业危机管理体系中，很多企业经营者为了应付危机的出现，在企业内往往预先建立防范和处理重大危机事故的体制和措施。当危机发生后，按照危机预案进行处理，在很大程度上避免了企业经营者机械化地处理危机。

当然，预先建立防范和处理重大危机事故的体制和措施必然要求企业经营者从一切信息资源中充分认识到突发危机事件的严重程度，再根据其程度制定出相对应的危机应对方法，有效地控制危机事件的蔓延。

读者可能会问："作为企业经营者，当危机事件爆发后，如何才能有效地应对呢?"方法主要有三个，见表4-1。

表4-1　　有效地处理危机事件的三个方法

1. 淡定从容	一旦危机事件爆发，企业经营者必须临危不惧，遇事不乱。这是企业经营者能够有效应对突发危机事件的一个重要方法
2. 果断处理突发事件	实践已经证明，一旦危机事件爆发，企业经营者果断处理危机事件是有效化解危机的一个重要举措。事实上，很多企业突发危机事件的进一步升级和蔓延都与企业经营者的漠视有关。因此，当遇到突发危机事件时，企业经营者必须在理智冷静的基础上，迅速查清危机事件的真相，从而有针对性地找出应对危机的最佳方法
3. 采用超常规处理模式	有效地处理危机事件，不能只是机械地或盲目地、因循守旧地按照既定模式处理危机事件，必须根据突发危机事件的不同而用不同的方法。在可能的情况下，企业经营者可以考虑采用超常规处理模式。这就要求企业经营者在处理突发危机事件时采取机动灵活、超乎常规的程序和办法

第二部分
企业危机无处不在

在企业的生存和发展过程中，活下去不过是过程，终点取决于企业经营者的危机驾驭能力。甚至有专家撰文指出，企业没有永恒的成功，只有永恒的失败。

在企业的生存和发展中，沉沉浮浮犹如大浪淘沙一样，演绎着太多惊心动魄的悲歌一样的商业故事。

纵观中外的巨型企业，当它们到达顶峰后，有的企业于是就开始停滞不前，有的出现巨额亏损，甚至有的已经消失在历史的长河中。当我们翻阅美国《财富》杂志世界500强排行榜时会发现，能够坚持登上该榜单30年的企业寥寥无几。

这样的事实说明，企业在发展和成长的道路上处处都充满了礁石和险滩。然而，我们从无数明星企业折戟沉沙的倒下中可以发现其失败的特点——不同类型的企业在不同时期、不同地点、不同阶段会遭遇不同类型的危机。正是这些危机导致企业走向没落。而导致这些危机的原因多种多样，但归纳起来不外乎本部分将涉及的几类。

第五章
明星代言产品的潜在危机

在很多场合下，一些企业经营者在选择产品形象代言人时，总是按捺不住选择大牌明星代言的喜悦之情。在这些企业经营者看来，作为企业的代言人，前提是明星的腕儿要大、名气够响、派头够足，这样的明星才是企业合适的代言人。

殊不知，企业经营者这样的选择可能会给企业带来巨大的危机，例如一旦明星口不择言，或者做出有悖于传统文化的事情来，企业将面临危机。例如莎朗·斯通的胡说八道给迪奥品牌在中国的推广带来了负面危机。大量事实证明，明星代言给企业带来品牌效应的同时，也可能给企业带来巨大的灾难。

第一节　明星代言误区：腕儿要大、名气够响、派头够足

当我们打开电视机时，明星代言的产品广告随处可见，如汽车、油漆、手机等。众所周知，在如今产品营销的时代，明星代言已经成为当下最为流行和有效的营销方式之一。一些企业经营者为了提升企业或者产品

的知名度，争先恐后地拿出重金聘请最当红的明星为自己的产品做形象代言人，有效地树立了良好的品牌形象。

在电动车行业，当姚明签约代言“捷马”电动车后，其产品知名度和传播度开始上升，由此引发了电动车的形象代言人的宣传效应。不可否认的是，明星代言一直是很多企业产品营销的重要广告形式，特别是在电动车行业，更是作为热门话题来讨论。研究发现，具有号召力的明星，如成龙、刘德华、周杰伦等都曾经为电动车行业代言过产品。

读者可能会好奇，既然电动车行业热衷于明星代言，那么明星代言是否真的能够大幅度提升电动车的销量呢？

时任郑州大名科贸爱玛电动车事业部总经理的丁国生在接受媒体采访时回答了读者关心的问题。丁国生坦言：“电动车行业的明星代言早已不是什么新鲜事了。但是很多让明星代言的企业并没有将明星代言与自己的品牌文化有机结合，只是纯粹炒作，最终的结果是，代言初期可能会获得一定的发展，但是后期并没有让人们看到真正的品牌内涵。是否能够将明星与自身品牌进行充分结合至关重要。”

在丁国生看来，只有将明星代言与自己的品牌文化有机结合，才可能达到明星代言其产品的目的。遗憾的是，一些企业经营者仅仅是为了炒作，没有达到明星代言其产品的目的，甚至可能带来巨大的灾难。

毋庸置疑，明星代言就是一把双刃剑，尽管能够给企业产品带来一定的宣传效果，但是也充满诸多风险。事实证明，对于任何一个企业来说，聘请明星代言产品，其提升品牌知名度的效果与风险是并存的。假如明星的影响力不断提升，那么其所代言的品牌的知名度也会随之提升；反之，一旦明星个人道德缺失、行为不端，导致其形象受损，则可能给企业品牌带来负面的影响。在这种情况下，企业必须迅速采取措施进行危机管理，否则随着时间的推移，舆论可能会不断朝着恶化的方向发展，最后给企业或产品销售带来难以估量的损失。①

① 林景新. 企业如何应对“广告门”危机［N］. 中国证券报，2008-04-21.

当然，对明星代言是与非的无休止讨论并不具有很大的实质意义。作为问题的研究者、市场的监督者和企业的经营者，应该将这样的问题提升到无论明星还是企业相关者都应该具备诚信与责任的问题进行分析。如果企业以对消费者负责任的态度去生产，明星以负责任的态度去代言，监管机构也能够负起责任，这些都不应该是问题。这里不再赘述，我们的重点是介绍由明星代言引发危机后企业如何应对的话题。

正因为明星代言可能给企业带来巨大的灾难，所以企业经营者在选择明星代言时，一定要注意该明星有没有负面影响，特别是其过去的言行举止。这样的选择关乎代言人的风险度及前途对代言产品美誉度的影响。

第二节　慎重选择明星代言人

研究发现，只要明星代言人出现负面问题，就会导致企业或者产品遭受惨重损失。一旦公众对明星的人品产生质疑，就会株连明星所代言品牌的产品。如美国女演员莎朗·斯通在被问及四川地震时发表了不当言论，正是这番言论使得其自身形象一跌再跌，更是殃及其代言的迪奥品牌。在强大的市场压力下，迪奥不得不更换莎朗·斯通，重新选择其他明星来代言。这样的教训无疑在提醒中国企业经营者，大牌明星代言并不是放之四海而皆准的营销方式。在这里，我们来回顾一下莎朗·斯通事件的来龙去脉。

2008年5月24日，出席第61届法国戛纳电影节的美国女演员莎朗·斯通被媒体记者问及中国汶川“5·12”大地震时竟然大放厥词地说：“这非常有趣。”

不仅如此，莎朗·斯通振振有词地还搬出了更加惊世骇俗的依据——“因为我很不高兴中国对待西藏的态度，我觉得任何人都不能对别人不善……然后这次发生了地震，这是不是报应呢？如果你做得不够好，然后坏事就会发生在你身上。”

当莎朗·斯通的不当言论被各种媒体报道开来，立即引来了中国网民的集体反击。一位网民发帖说：“在赈灾一线，我们听到了那个魔鬼般女人的咒语，我们的心在滴血。我代表灾区人民向全世界的华人倡议：对这样的冷血动物必须采取手段，我们坚决不容许她的一切东西进入中国！电影、广告……一律停止，立即停止！”

不仅是中国网民，中国媒体也纷纷谴责莎朗·斯通的不当言论，而且充满极浓的火药味，“莎朗·斯通：无德者无畏 无知者无耻!”“莎朗·斯通，真善还是伪善?”“那‘斯’，给我闭嘴!”等犀利谴责莎朗·斯通的言语随处可见。

在中国，人们不仅在言辞上谴责莎朗·斯通，还用实际行动抵制莎朗·斯通。在抵制莎朗·斯通的行动中，主要有两部分：第一，莎朗·斯通所参演的所有电影集体封杀。在莎朗·斯通发表不当言论之后，许多音响专卖店全部撤下莎朗·斯通主演的音像制品；中国院线集体封杀莎朗·斯通参演的电影，比如中影南方电影新干线高调宣布，中影南方旗下院线响应号召，不再播映莎朗·斯通主演的任何电影。

第二，抵制莎朗·斯通所代言的迪奥产品。在莎朗·斯通发表不当言论的短短数小时，多个论坛的网友自发发起了抵制莎朗·斯通代言的迪奥产品的行动。

有网友在论坛上客观地向迪奥集团喊话：“我们针对的并不是迪奥，但是我可以保证，我会抵制、拒绝所有她代言的产品，并倡议我周围的人也这么做。”“请迪奥在48小时内做出对莎朗·斯通撤销代言的决定，不然，我们除了抵制莎朗·斯通外，我们将开始一律抵制迪奥的所有产品。”

在中国市场原本很受消费者青睐的迪奥产品，却因为莎朗·斯通的不当言论而陷入了非常尴尬的局面。

面对由莎朗·斯通的不当言论引发的代言危机，迪奥公司随后发表公开声明，声称绝不认同莎朗·斯通的个人言论，绝不支持任

何伤害中国人民情感的言论。与此同时，他们对此次四川汶川大地震中不幸遇难的同胞表示哀悼，并对灾区的人民表示深切的同情和慰问。

在强大的压力下，迪奥公司不得不更换形象代言人，尽管应对及时，但还是遭受了由莎朗·斯通的不当言论引发的代言危机，而且持续发酵了一段时间。

在本案例中，迪奥公司没有想到的是，一场突如其来的由莎朗·斯通的不当言论引发的代言危机使迪奥品牌的信誉度在短时间之内大幅度下降，损坏迪奥品牌形象的罪魁祸首竟然是他们自以为的最佳产品代言人莎朗·斯通。

迪奥公司的教训警示中国企业，尽管没有发生产品质量危机，但是却存在由产品代言人的言论或者行为引发的代言危机。迪奥之所以被中国人大规模集体抵制，就在于迪奥公司选择了一个缺乏良知、毫无道德底线的产品代言人。

面对中国“5·12”汶川大地震这场世纪灾难，许多国外人士都对其深感悲痛与遗憾。莎朗·斯通不仅没有安慰灾区人民，竟然摆出一副幸灾乐祸的姿态。莎朗·斯通无疑为自己恶劣的言论付出了惨重的代价。

迪奥中国随后宣布撤销并停止任何与莎朗·斯通有关的形象广告、市场宣传以及商业活动，北京商场内的迪奥专柜也迅速行动，撤销了有关莎朗·斯通的宣传广告。

迪奥中国再次向媒体发出正式声明表示，鉴于莎朗·斯通失当的言论所造成的社会不良反应，迪奥中国现已决定，立即撤销并停止任何与莎朗·斯通有关的形象广告、市场宣传以及商业活动。①

大量事实证明，由代言人形象危机引发的企业危机已不在少数。例

① 刘嘉琦. 迪奥中国决定撤销莎朗·斯通代言的所有形象广告［N］. 东方早报，2008-05-30.

如某明星连续爆发影响力很大的负面事件，事件发酵后，其所代言的手机的销量迅速下滑。

无论迪奥还是某手机厂商，都想凭借明星的光环效应来提升品牌知名度，结果其计划都落空了。

莎朗·斯通的代言事件给中国企业的启示是，在选择明星代言人时一定要谨慎，绝不能因为明星名气够响、派头够足，就认为其是企业合适的代言人。这样的做法本身就是错误的，因为一旦该派头十足的代言人有了出格甚至过分的举动，企业就会被无辜牵连。

第三节　在零时间化解明星代言危机

众所周知，明星代言企业产品是广告和传播学上的重要构成环节之一，不少企业为此乐此不疲。很多企业之所以热衷于用明星代言其产品，是因为看中了明星的商业价值。在如今这个商业时代，形象正面的明星已经成为不可多得的媒介资源。因此，一些企业为了在某个目标市场迅速提升其品牌知名度和美誉度，甚至不惜重金聘请明星代言其产品。

从更深层次上来分析企业经营者的做法，目的还是为了更好地提升产品品牌的美誉度。在这样的诉求下，这就要求企业产品在向目标消费者传播相关信息时强化品牌自身的个性形象。当然，解决这个问题最好的手段就是品牌代言。

不可否认，如果企业经营者在选择明星时慎重，并且使用和引导得当，是能够起到快速引导消费者认知其品牌、提升品牌知名度的积极作用的。相反，一旦企业经营者选择不慎，使用不当的明星来代言企业的产品，那么就可能会爆发难以预想的危机。

在这里，我们必须提醒企业经营者，利用明星代言企业产品来提升其知名度，本身就存在大量的负面因素。一旦负面因素被释放出来，必然伤及企业。这样的例子不胜枚举。例如，中国某体育明星，由于违反相关规定，因此不能进入国家队，其体育生涯无疑是戛然而止。这个事件不仅终

止了该体育明星的体育生涯，同时也使当初选择其代言的企业付出了代价。因此，错误地选择明星为企业产品代言可能会埋下危机的隐患。所以，在选择明星做品牌代言人时就要本着审慎的态度，必须注意以下几点。

第一，尽可能地选择一个形象正面、远离绯闻的明星，因为选择这样的明星为企业产品代言可以避免日后可能引发的诸多危机。

相反，一旦选择一个绯闻缠身的明星来代言某产品，由于明星能否保持良好形象本身就存在诸多不确定性，这就可能会给企业带来诸多不确定性，危机如同一颗定时炸弹一样可能随时被引爆。这样的做法是不值得提倡的。

当然，一些企业经营者想利用绯闻艺人来迅速增加企业知名度，如某负面绯闻事件发生后，某企业邀请该事件的主角代言其产品，其代言广告因受到网友的强烈抵制而被勒令禁播。企业聘请明星来为产品代言的目的是提升企业的美誉度、知名度，但是一旦选择一个绯闻缠身的明星来为企业的产品代言，其美誉度无疑是下降的。因此，“臭名远扬”并不是企业经营者提高知名度的一个好方法。

第二，在选择明星代言人时，要尽可能地使所选择的明星与企业品牌内涵表现出高度的一致性，主要体现在如下三个方面：

（1）企业所选择的品牌代言人尽可能地与企业品牌的目标受众的需求一致。只有当品牌代言人对目标受众有足够的影响力时，目标受众才可能产生购买的冲动。一旦消费者讨厌某个品牌代言人，那么这样的受众就很容易抵制该代言人所代言的产品。

（2）企业所选择的品牌代言人尽可能地与企业的产品特点或品牌个性一致。在实际的品牌推广中，很多企业经营者认为，只要明星名气足够大就是一个较好的代言人。其实，这样的观点是错误的。在选择明星来代言某产品时，必须分析产品或品牌的特征，选择适合该品牌的代言人。企业要借助代言人来提升产品的知名度，就必须以产品为中心，选择与产品内涵一致的代言人，这样才能使消费者牢记代言人所代言的产品，提到代言人就会想起其代言的产品或者品牌。

(3) 企业所选择的品牌代言人尽可能地与企业品牌当时的战略目标一致。选择明星来代言产品，也必须建立在企业战略的基础之上。若企业想迅速抢占某个新的细分市场，在选择明星为企业产品代言时，就必须选择具有较大影响力的明星，其目的就是被迅速识别进而占领市场份额；若企业打算扩大目标市场，就必须挖掘新市场的消费需求，在选择明星为企业产品代言时，应尽可能选择能够与新市场相匹配的明星；若企业打算持久巩固其品牌知名度，在选择明星为企业产品代言时，就不能频繁更换，应使得消费者一看到该明星就联想到其代言的品牌或者产品。

第三，为了降低明星代言的风险，企业应尽可能选择多个明星，一旦某个明星出现负面问题，企业就可以马上停止与其合作，让其他明星来分散注意力，降低其代言的风险。因此，选择明星代言必须慎重，还需要评估其风险，这样才能够降低企业产品的代言风险。

有读者可能会问，作为企业经营者，如何管理和应对明星为企业产品代言可能带来的重大危机呢？研究发现，在明星为企业产品代言危机管理中，危机的预控管理是非常重要的。“凡事预则立，不预则废”说的就是这个道理。

一般地，在明星为企业产品代言的危机预控管理中，制定系统的预警方案尤为重要。在危机发生之前，企业制定了多种广告宣传方案，还有系统的应对突发情况的预案。一旦危机发生，就能正确应对，不至于在危机发生时茫然不知所措。

不可否认，有一些企业经营者盲目地选用明星为产品代言，当发生危机事件后又没有采取合理的处理方法，这样只会将品牌推向末路。因此，明星为企业产品代言的危机预警方案不仅可以有效地减少危机的发生，还能正确地应对危机的发生。

因此，有原则地选用代言人，及时、合理、有效地应对危机事件，化解危机，是企业品牌寿命长久的保证。不过，明星为企业产品代言本身就存在一定的风险，其危机的发生难以预测。明星为企业产品代言的危机一旦发生，企业经营者必须积极面对。应对方法见表 5-1。

表 5-1　　应对明星代言危机的方法

1. 及时有效地对明星代言危机做出回应	在任何形式的危机事件中，及时应对危机都是非常重要的。企业及时地通过媒体向公众传播企业的态度，不仅可以拉开与明星代言人的距离，还可以避免信息传达不及时所造成的负面信息，同时还可以让公众觉察到企业的舆论导向，甚至可能会使公众对企业产生同情
2. 更换代言人	当明星代言人发生危机之后，企业必须及时对危机的危害做出合理的评估。一旦危机非常严重，触犯道德甚至法律底线，企业要毫不犹豫地更换代言人，避免危机明星对品牌的不良影响扩大，同时可以借助更换代言人为品牌造势，不失为转危为机的好方法①

① 左蕾．明星代言人的选择及危机管理［J］．中小企业管理与科技，2009（19）．

第六章
网络事件的潜在危机

当下频繁爆发的各种危机事件的介质已经开始变化，从传统的媒介开始转向互联网的博客或者微博。较为典型的危机事件是：郭美美的微博炫富导致“中国红十字会总会”危机爆发，危机的结果是撤销了“商业系统红十字会”；在微博上曝光的故宫危机事件，如“失窃门”“会所门”“文物门”等“十重门”，让故宫危机如龙卷风一样迅速席卷而来；在微博上，王功权竟然利用自己的微博高调宣布私奔，引起投资界一时轰动；微博现场直播奥的斯地铁扶梯事故；罗永浩借助微博影响力最终使得西门子家电致歉的“冰箱门事件”；等等。

从以上的种种危机可以看出，微时代危机，以微博为辐射核心的平台，开始将触角伸向现实生活的方方面面，并对公关管理提出了全新的挑战。①

这些危机爆发的传播途径清楚地显示，网络已经成为企业危机扩散和蔓延的传播介质。不可否认的是，随着中国互联网的普及，越来越多的网

---

① 奥美公关，CIC. 2012 微时代危机管理白皮书［EB/OL］. 2014. http://dl.dbank.com/c05aeemycj.

民正在改变中国传统的危机管理模式。

第一节　自媒体正在成为传播介质

中国互联网络信息中心（CNNIC）发布的第 36 次《中国互联网络发展状况统计报告》数据显示，截至 2015 年 6 月，中国网民规模达 6.68 亿人，半年共计新增网民 1 894 万人，见图 6－1。

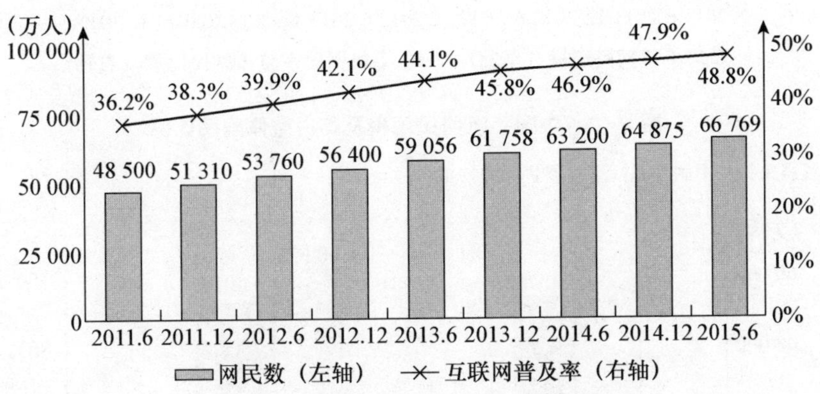

图 6－1　中国网民规模和互联网普及率

资料来源：中国互联网络发展状况统计报告.

该报告还显示，截至 2015 年 6 月，中国手机网民规模达到 5.94 亿人，较 2014 年 12 月增加 3 679 万人，同时使用手机上网的人群占比由 2014 年 12 月的 85.8％提升至 88.9％，见图 6－2。

该统计报告显示，交流沟通类应用发展更加强劲，主要为即时通信和微博。

1. 即时通信

截至 2015 年 6 月，使用即时通信的用户规模已经达到 6.06 亿人，较 2014 年年底增长了 1 850 万人，占网民总体的 90.8％，其中手机即时通信用户规模达到 5.40 亿人，较 2014 年年底增长了 3 256 万人，占手机网民的 91.0％，见图 6－3。

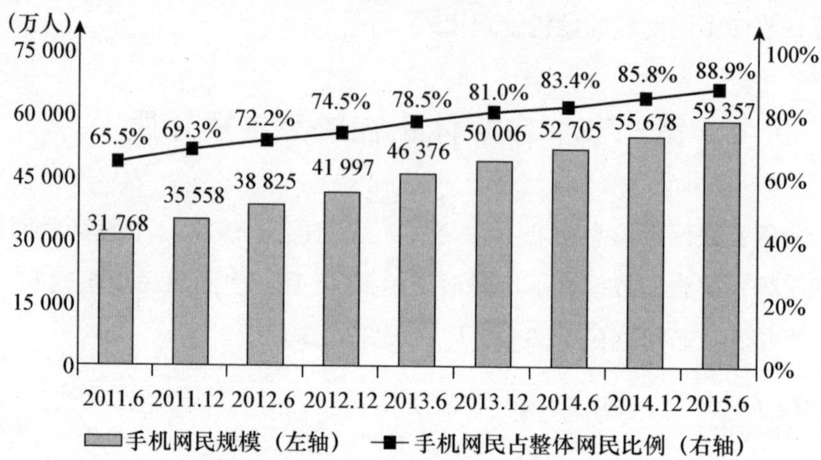

图 6-2　中国手机网民规模及其占整体网民比例

资料来源：中国互联网络发展状况统计报告.

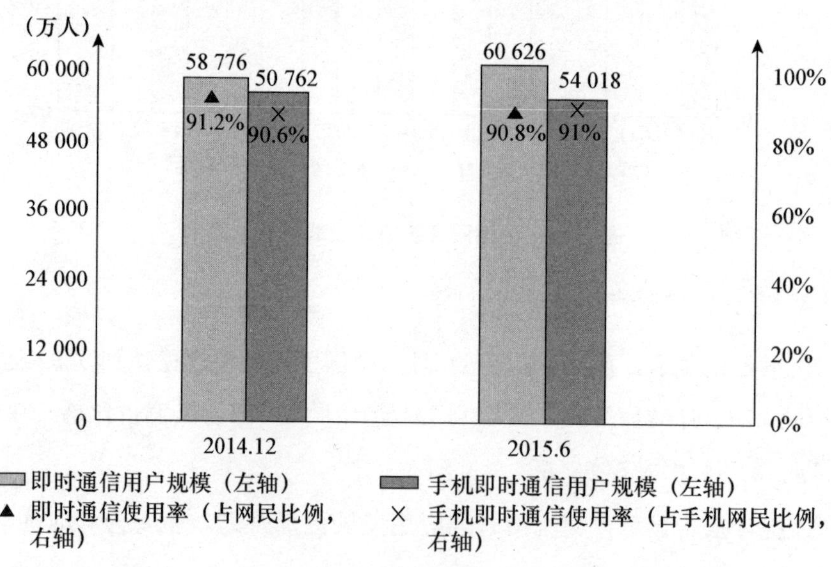

图 6-3　即时通信/手机即时通信用户规模及使用率

资料来源：中国互联网络发展状况统计报告.

2. 微博

由图 6-4 可知，截至 2015 年 6 月，中国微博的用户规模已经达到 2.04 亿人，使用率为 30.6%，手机端微博用户规模已经达到 1.62 亿人，

使用率为 27.3%。手机端微博用户占总体微博用户的 79.4%，比 2014 年年底上升了 10.7%。除了整体互联网向移动端迁移的趋势影响外，微博在移动端为用户提供的新体验也是重要的推动力，尤其是对垂直领域的布局，拓宽了移动端的使用场景，增强了用户黏性。

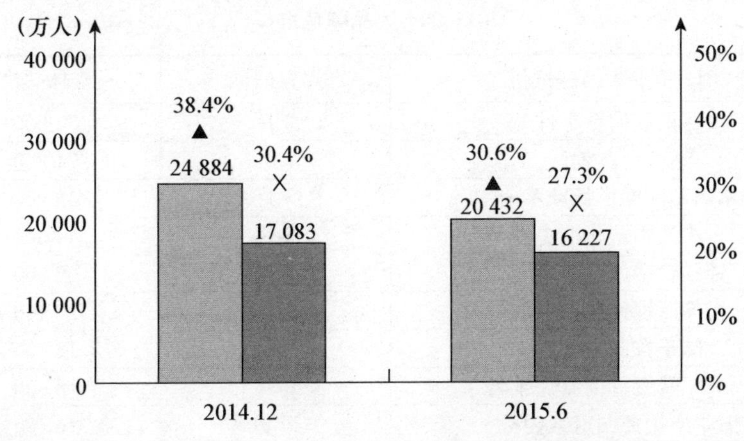

图 6－4　微博/手机微博用户规模及使用率

资料来源：中国互联网络发展状况统计报告.

第 36 次《中国互联网络发展状况统计报告》数据显示中国微博用户数量巨大。在互联网的微时代下，每个网民都可以成为自媒体，究其原因，每个网民都可能成为信息传播链条上的制造者和传播者，即网民既是信息传播受众，也是传播媒介。

在这样的背景下，作为微时代传播媒介的代表之一，微博、微信等自媒体不仅成为了一些企业品牌营销沟通的重要平台；同时，微博、微信等自媒体又在各类危机的爆发、传播和升级中扮演起愈加重要的角色。企业如果运用得当，自媒体可为其带来巨大利益，反之亦可成为杀伤力巨大的武器，对企业的形象造成极大的威胁，甚至带来无法挽回的经济损失。①

① 奥美公关，CIC. 2012 微时代危机管理白皮书［EB/OL］. 2014. http://dl.dbank.com/c05aeemycj.

《2012 微时代危机管理白皮书》报告显示，在 2011 年十大品牌危机中，尽管传统危机名单与微博危机名单有一些不同，但是却有八个危机企业是相同的。如下是 2011 年十大品牌危机和 2011 年微博十大品牌危机的比较，见表 6-1 和表 6-2。

表 6-1　　2011 年十大品牌危机

2011 年十大品牌危机	爆发时间	媒体热度
双汇瘦肉精事件	3 月	73 800
达芬奇产地门	7 月	71 900
本田召回国内标准不一	8 月	46 900
台湾品牌塑化剂事件	5 月	44 500
锦湖轮胎反炼胶新闻	3 月	32 600
奥的斯地铁扶梯事故	7 月	26 400
味千拉面勾兑门	7 月	19 100
CCTV 曝光百度竞价排名	8 月	18 900
蒙牛牛奶黄曲霉素超标	12 月	16 400
强生婴儿洗发水含致癌成分	11 月	12 400

资料来源：2012 微时代危机管理白皮书。

表 6-2　　2011 年微博十大品牌危机

2011 年微博十大品牌危机	爆发时间	微博在事件中的作用	微博热度
台湾品牌塑化剂事件	5 月	引发热议，持续传播	1 499 140
蒙牛牛奶黄曲霉素超标	12 月	引发热议，持续传播	903 952
双汇瘦肉精事件	3 月	引发热议，持续传播	632 160
达芬奇产地门	7 月	引发热议，持续传播	605 376
西门子冰箱门	9 月	微博爆发，持续跟进	396 524
可口可乐美汁源投毒事件	11 月	引发热议，持续传播	318 956
锦湖轮胎反炼胶新闻	3 月	引发热议，持续传播	277 356
CCTV 曝光百度竞价排名	8 月	引发热议，持续传播	243 308
强生婴儿洗发水含致癌成分	11 月	引发热议，持续传播	169 916
奥的斯地铁扶梯事故	7 月	微博首发，持续直播	102 652

资料来源：2012 微时代危机管理白皮书.

据《2012 微时代危机管理白皮书》报告说明，以上数据的时间段为 2011 年 1 月 1 日至 2011 年 12 月 31 日。媒体热度为百度新闻搜索返回结果的总帖数，微博热度为新浪及腾讯微博搜索返回结果的总帖数。标注为

粗体字的事件，是按媒体热度和微博热度分别筛选后，两份名单所不同的危机事件。

在这些危机品牌中，快速消费品行业与公众的生活休戚相关，占据十大危机榜单上的半壁江山。一些知名度较高、消费群体较大的品牌一旦发生危机事件，更容易在微博上引发消费者的传播和讨伐。因此，在微时代，当企业面对重大品牌危机事件时，不仅需要结合传统的危机管理体系，还要对企业的危机管理提出更高的要求。

在微时代，自媒体已经成为引发企业危机的源头之一，与传统的危机事件不同，其网络传播更快，其特点详见表6-3。

表6-3　传统危机和微时代危机的对比

	传统危机	微时代危机
传播速度	传播速度通常以**小时、天、周**为单位	传播速度甚至以**分、秒**计算
传播渠道	由**平媒广电**进行播报	**自媒体**成为重要的危机爆发平台，**与媒体互相联动**，容易**放大问题**，使**危机升级**
传播角色	**媒体**担当着推动危机变动的重要角色	**意见领袖**成为推动危机变化的关键角色，事件的关联方（网民、当事人/品牌、媒体等）**多立场、多观点**多点传播。引发共鸣的**普通网民**会导致危机快速扩大
传播形式	相对**单一**的文字、图片或电视节目等	传播形式**立体化、多样化**，如借助视频、漫画、网络段子的**恶搞**、经典再创作等
传播情感	相对**中立、客观**	语言表达**情绪化，个人情感**成为推动传播的重要驱动因素
处理反馈	反馈意见搜集**困难、缓慢**	危机处理的效果反馈更加**及时**，处理不当**极易引发二次危机**

资料来源：2012微时代危机管理白皮书.

在表6-3中，微时代的危机更具传播性，特别是一些网络意见领袖具有较强的影响力，当这些意见领袖对某些产品和服务不满时，特别是通过自媒体发泄时，企业的负面信息快速在自媒体上传播，这非常容易得到遭遇类似不愉快经历的其他消费者的响应。一旦基于“临时共性”的集体认同的人群聚集在一起，必然会持续播报企业的负面消息，这样的事件，将由可控的“个体协同”演变成不可控的“多边协同”，无疑使得危机事件

持续成为议论热点，如罗永浩砸西门子冰箱门引发的危机事件等。

诸多危机案例说明，自媒体成为了企业产品二次危机的重要传播平台，具体有如下三个方面：第一，一些自媒体用户对发生过危机的企业和品牌进行点评，引发再一次的危机发酵；第二，媒体在自媒体上的发帖会引起品牌危机在互联网平台上的二次传播；第三，意见领袖的转发或者品牌的不当回应，也极有可能再度引起新一轮的热议和危机。例如达芬奇家居的失败公关稿及新闻发布会，一次次将其置于负面舆论的中心，并导致其在2011年下半年的营业额骤降。①

第二节　与时俱进的危机管理才能跟上时代

与传统危机管理不同，网络危机与其的主要区别有如下两点：第一，网络危机信息的主要传播方式是以博客、微博、论坛、播客等网络传播为主，形成较大事件后影响传统媒体的传播方式；第二，网络危机信息的受众主要是网民——博客、微博、论坛等的阅读者。

从网络危机的特点可以看出，传播介质的变化不得不要求企业经营者在危机管理时与时俱进。在开展网络危机管理时，企业经营者的主要目的是塑造企业在网络上的正面形象，平衡协调网民、博客、微博、论坛与企业的和谐关系，优化网络虚拟社会的心理环境，通过影响网民继而影响公众。

在近几年的危机事件中，由于互联网的传播速度非常迅速，危机事件的影响力超乎企业经营者的想象，因此，网络危机事件成了企业经营者、研究者关注的热门话题，如肯德基苏丹红事件、尼康相机拍照现黑斑点事件。

面对网络危机的巨大影响力，资深管理专家撰文指出，网络媒体可以

---

① 奥美公关，CIC. 2012微时代危机管理白皮书［EB/OL］. 2014. http://dl.dbank.com/c05aeemycj.

让一个因为一次没有满足客户需要的公司在网上臭名远扬；可以一夜之间让某个企业的负面新闻满天飞，使其名誉扫地！①

一般地，当某些消费者在博客、微博上发表一些对产品或者服务的不满时，这样的抱怨往往处在危机事件的萌芽状态。此时，若媒体跟进进行大篇幅报道，将会引发大规模的媒体报道或者网络转载，使得危机事件真正爆发，这个流程如图 6－5 所示。

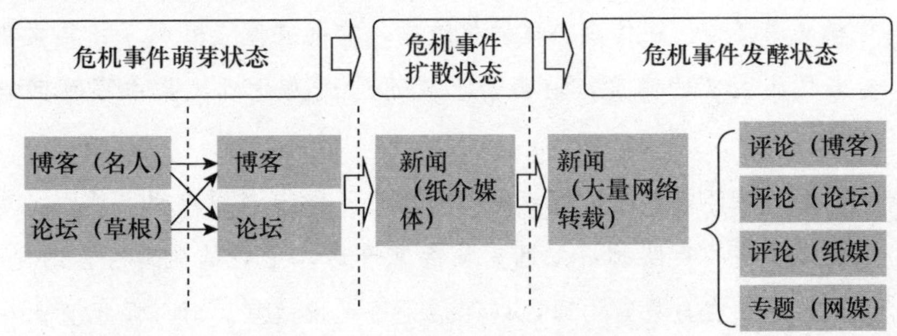

图 6－5　网络危机爆发的流程

图 6－5 显示，当企业危机事件爆发后，负面新闻必定会出现在媒体的报道中，甚至出现在头条位置。在日常的危机管理中，很多企业经营者往往通过广告费等手段压制媒体层面，引导媒体的正面报道，淡化企业危机的负面影响。但是，随着网络的普及和发展，从媒体的角度考虑，报纸电视等媒体的信息承载量及时间效应远不如互联网媒体，而且互联网的负面信息可以持续相当长一段时间②，即使传统媒体已经不再报道相关事件，负面影响仍然在互联网上以几何倍数增长。

究其原因，网络危机事件常常起源于一些论坛、博客、微博。在很多情况下，可能由于某人的微博或者一次博客日记或者论坛里的一句话，引发一起雪崩式的危机事件。蝴蝶效应每天、每时、每刻都可能发生。甚至有人撰文指出，互联网在逐渐形成这样一种能力——既可以轻易地把一个

---

① Progoing 在网络危机公关领域提出新见解［EB/OL］. 2014. http://sh. sohu. com/20090312/n262765812. shtml.

② Progoing 在网络危机公关领域提出新见解［EB/OL］. 2014. http://sh. sohu. com/20090312/n262765812. shtml.

品牌举向天空，也可以在瞬间置它于死地。在星巴克故宫危机事件中，星巴克低估了网络的力量，让危机事件持续发酵，以致网络危机的蔓延击倒了巨人星巴克，在媒体和网民的讨伐下，星巴克不得不退出故宫，成为了一个失败的危机管理案例。

2007年，星巴克打算在北京故宫开设咖啡店的事件被传统媒体大规模集中报道。在传统媒体的报道中，有的文章上升到了民族文化保存与民族主义的高度，使得星巴克迅速成为危机风暴中不可回避的风眼。

面对媒体的一致讨伐，星巴克不得不做出书面声明。然而，这份只有234字的声明称，星巴克在故宫开店，主要是受到故宫的邀请。此刻，它正在与故宫沟通，以评估是否退出故宫。时任星巴克大中华区政府事务与公共关系经理的孙可江对媒体表示，除了这份声明，星巴克没有任何内容需要再次表态。在这样的情况下，星巴克再次被置于危机的风暴中。

在本案例中，吉姆·当诺是星巴克新任总裁，他本人也不认可把星巴克开在紫禁城里。不过，他要与同事们商量，特别是与星巴克在中国的本地合作伙伴们商量。

然而，迅猛的危机事件把这位新任总裁冲击得措手不及。吉姆·当诺以为低调处理就可以让危机事件平息下去，但他没有想到的是，在媒体争相报道后，愤怒的网民开始在论坛、博客上发泄自己的不满，使星巴克的危机事件愈演愈烈。反观星巴克的这个案例，由于星巴克没有意识到中国网民的力量，最终让星巴克在华的信誉严重受损。

第三节　建立网络危机预警系统成为当务之急

一般地，网络危机管理的主要作用有两个：第一，利用博客、微博便

捷传播的特点，迅速建立博客或微博，快速将企业动态及与事件相关的内容传播给受众，以消除猜疑和负面消息，正面引导信息的传播；第二，通过建立起切实可行的博客、微博作者检测机制，对博客、微博进行有重点、有目的的检测，以避免负面、误解的信息在网民中扩散，达到维护企业形象的目的。

事实证明，星巴克故宫危机事件不会令读者惊讶，因为这样的博客危机案例举不胜举。在星巴克故宫危机事件后的两个月内，诺基亚某一型号手机因为键盘脱落而引发危机、青年编剧程青松遭遇屈臣氏保安刷卡、天涯网友与上海华普汽车老总论战等事件层出不穷。这些危机事件有一个相同点，那就是危机爆发的起点在博客。对此，独立网络营销策划者陈格雷指出，几乎每一次企业危机都是由博客或者论坛发起或者升级，网络危机成为了企业所要面临的常态，并大有取代传统媒体负面报道而成为企业的心腹大患之势。

在这样的背景下，互联网信息的受众日趋广泛和复杂。由于互联网本身的特点，传统媒体已经不再局限在自己的范围之中，它们通过官方网站发布一些即时信息，媒体信息的复制、传播速度正在大大加快。在这种情况下，企业面临的危机管理也不断地呈现出新的特点，这就要求企业经营者对媒体新闻的反应速度不断提高。具体有如下三个特点：

（1）危机事件的防范更加困难。由于快速发展的中国网络媒体已经动摇了传统媒体的霸主地位，这就使得两者之间的竞争日趋激烈。网络媒体为了吸引读者的浏览，一些职业敏感的媒体记者对爆炸性的新闻通常会进行专题报道，这使得潜在的企业经营危机隐患可能被媒体挖掘出来。

（2）危机事件的传播速度超乎想象。由于危机事件信息的迅速复制和传播，再加上信息受众的主动参与，通过博客、微博、论坛、QQ 空间、贴吧等多种途径传播，使得危机事件迅速放大、恶化和蔓延。

（3）危机事件带给企业的损失越来越大。由于受众广泛地参与，主动在博客、微博、论坛上发布企业负面信息，一旦危机事件得不到妥善解决，企业的品牌形象将遭受更大的损害。企业的品牌形象一旦被损害，企

业不得不花费大量的时间和成本来重建信任。然而，一些企业正是因为品牌形象受损，其业绩可能一蹶不振。

面对新形势下的危机管理问题，作为企业经营者，只有建立网络危机预警系统才可能防范网络危机的爆发，这已经成为中外企业的当务之急。通常网络危机预警系统主要包括如下几个环节：网络监控、危机洞察、解决方案、公关执行、品牌提升，见图 6-6。

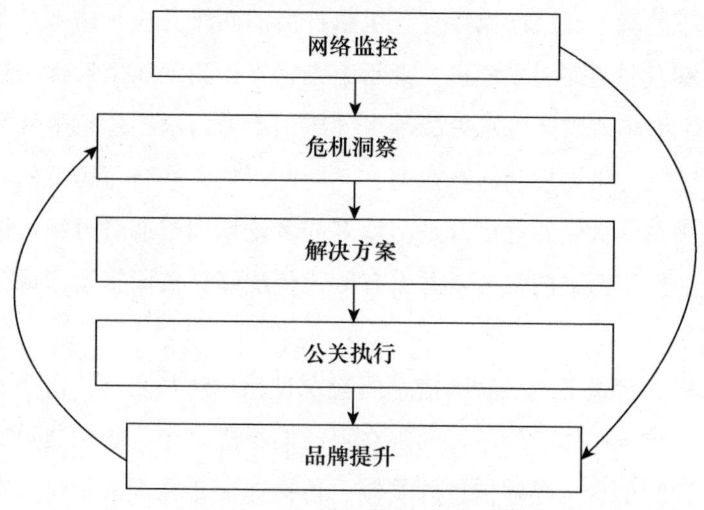

图 6-6　网络危机预警系统的环节

在网络危机预警系统中，企业经营者只有把诸多环节执行到位，才可能防范危机。因此，当企业面对当前网络危机的诸多不确定性时，只有建立科学合理的危机管理机制以及网络危机预警系统，才可能有效地进行危机管理。在很多企业中危机管理机制主要包括危机管理制度及其组织执行两个部分。

第一，危机管理制度。在当前的互联网时代，企业必须根据自身的实际情况建立适合自身的危机管理制度，其中包括界定危机的范围，建立网络监控、危机洞察、危机预防的具体措施，组建危机处理组织（紧急应变小组），制订危机管理计划，确定危机处理的原则、方法和过程，评价危机管理，等等。

第二，危机管理制度的组织执行。一旦企业遭遇网络危机事件，企业

需要立即启动危机管理机制，最大限度地发挥网络危机预警系统的作用。当网络危机发酵时，企业必须严格执行危机管理制度，对危机事件进行有效处理，具体的流程按照“网络监控、危机洞察、解决方案、公关执行、品牌提升”进行。

众所周知，在实际的危机管理中，处理危机事件的效率和效果取决于危机管理制度的合理性与网络危机预警系统执行到位的力度。因此，企业经营者在执行危机管理制度时，必须注意如下几点：

第一，监控网络危机事件。最好的危机管理不是遇到危机时有多好的解决办法，而是事先预防。当然，预防危机事件的效果取决于企业的重视程度。一些企业经营者由于缺乏危机管理防范意识，所以才让细小的危机事件发酵和蔓延，最终为之付出了惨重的代价。当然，需要提醒的是，监控网络危机事件绝不能保证所有危机都能避免，只不过是大大地降低了危机事件的发生概率。一般地，监控网络危机事件是对所有可能发生的危机进行列举，同时对其风险进行评估，最后确定是否为危机事件。

第二，鉴别危机事件的严重程度。当企业经营者在监控网络危机事件时发现了危机事件，应立即鉴别危机事件的严重程度，制定有效的危机事件处理方案。当危机事件涉嫌对某民族尊严的侵犯时，一旦处理不好，就可能导致某个民族的抵制，这对任何一个企业而言，都将是一场灾难。

第三，快速处理危机事件。一旦确认是危机事件，企业必须立即启动危机处理方案，否则，一旦危机发酵、蔓延、升级，必然会增加危机事件的解决难度，同时企业的不良影响可能更加不可控制。

第四，处理危机切不可因小失大。企业经营者在处理危机事件时必须为之付出危机成本和精力，企业不能因害怕付出机会成本而因小失大。

第五，建立高效的信息传播系统。企业经营者在处理危机事件时需要建立高效的企业信息传播系统，其目的是为了更好地获得媒体的理解和支持。在处理危机事件时，以公开、坦诚、负责的态度，通过高效的信息传播系统与公众进行沟通，必要时承认错误，并给予受害者适当的补偿或者获得补偿的权利。

第六，通过危机事件提升品牌形象。危机事件对企业形象和信誉的损害虽然程度不同，但是其受到损害是肯定的。为了减少危机事件的危害，企业可以通过解决问题来提升消费者的忠诚度。值得一提的是，企业有可能会因此因祸得福，现实中这样的例子也不胜枚举。

第七章
顾客投诉的潜在危机

由于很多企业对顾客投诉不重视，甚至厌恶顾客的投诉行为，所以有一些很小的投诉事件可能会发展成遭遇媒体讨伐的危机事件。若顾客的投诉得不到企业的重视和有效处理，顾客往往会抱怨企业的产品质量或者服务问题，甚至产生过激行为，进而吸引大批媒体进行曝光，引发企业危机事件。

在自媒体大行其道的今天，自媒体的出现使得危机升级的过程变得更加快速。比如，当某人在其微博上抱怨 A 企业的产品质量或者服务问题时，这样的抱怨信息有可能会被大量转发，遇到类似问题的顾客因此迅速集结，表示自己对 A 企业产品质量或者服务的不满，在网络上形成有影响力的声音，加速危机的形成。因此，当顾客投诉时，企业经营者必须重视其投诉问题，尽快有效地处理。

第一节　顾客投诉导致的危机事件多如牛毛

在每年的“3·15”晚会上，被曝光的大型企业，特别是跨国公司，如尼康、苹果、惠普等之所以把个案的顾客投诉事件演变成危机事件，就是因为这些跨国公司应对顾客投诉时过于“自信”，甚至相当傲慢。正是由于采取了傲慢的态度而不理睬顾客的投诉，这些企业才使得危机事件大面积爆发，引发网络媒体和传统媒体的口诛笔伐，最终为之付出惨重的代价。

读者可能认为我是在夸大其词或者危言耸听。如果持有这样的观点，那就大错特错了。例如我们可以以顾客投诉尼康公司为例进行说明。

在百度搜索“尼康 D600 投诉”关键词，相关结果竟然高达约 1 210 000 个。[①] 在网上投诉它的帖子很多，我们选择其中两个案例来分析一下：

投诉一：

尼康 D600 掉渣王更换快门组件后　仍旧严重掉渣[②]

投诉主题：尼康 D600 掉渣王更换快门组件后　仍旧严重掉渣

投诉目标：尼康中国

投诉人：郑先生

投诉时间：2013-11-18

投诉地区：安徽省

2013 年 5 月 24 日我买了尼康 D600 相机，使用几天后便发现 CMOS 有灰尘，后来仔细查看，从保存的第一张照片中就发现有灰尘。

5 月底去尼康合肥售后服务点清洗，用了几天又发现有灰尘。

6 月上旬，去尼康杭州售后服务点再次清洗，不久又出现很多灰尘。

7 月下旬，再次去尼康合肥售后服务点清洗，但还是灰尘依旧。

由于出国，9 月中旬我才回到合肥。

---

① 该数据为我在写作该部分内容时搜索得到的结果。

② 尼康 D600 掉渣王更换快门组件后　仍旧严重掉渣［EB/OL］. 2014. http://www.315online.com/tousu/it/297300.html.

10月12日左右，又去尼康合肥售后服务点清洗，这次被告知该机型一律寄回上海总部清洗。

当时工作人员说需要一周左右的时间。11月11日，我终于从尼康合肥售后服务点拿到了返修近1个月的相机，维修单上注明：更换了快门组件和图像传感器。我对尼康擅自更换图像传感器表示不能理解和接受。回家试拍后，发现F22快门下依然有10个灰尘点。

后来加入了“尼康D600维权群”得知：(1) D600机型的灰尘分布全部集中在左上角；(2) 和我一样，许多用户根本没有更换镜头；(3) 尼康的行为属于秘密召回更换快门组件（有网友的维修清单为证）。

综合上述 (1) 和 (2) 可知，该机型的灰尘不是用户使用所致，而是内部掉下来的碎屑，这应该是尼康产品设计、制造的缺陷。

因此，我强烈要求尼康公司向全体中国用户道歉并召回所涉机型，并给予退货和相应的补偿！该事件应该适用举证责任倒置原则！请求中国工商总局介入！

责令尼康拿出中国政府认可的第三方无尘实验室1 000台D600相机、每台1万次快门的灰尘的实验报告。否则，就认定尼康D600存在设计缺陷，全部召回!!! 本次追加内容：2013年11月16日，我出去拍了400张照片回来，发现换过快门组件后掉渣更厉害了，照片上粗略数了一下就有100多个渣点。无耻尼康，你必须道歉、召回！

投诉二：

天津超越摄影器材出售劣质尼康D600①

投诉主题：天津超越摄影器材出售劣质尼康D600

投诉目标：尼康中国

① 天津超越摄影器材出售劣质尼康D600［EB/OL］. 2014. http://www.315online.com/tousu/it/296833.html.

投诉人：孟先生

投诉时间：2013-11-14

投诉地区：天津市

作为尼康D90的老客户以及本着对尼康高端相机品牌及质量的信赖，本人于2013年9月19日在尼康旗下经销商——天津超越摄影器材有限公司选购了一台型号为D600、货号为9044542的全画幅单反相机。

在短期内，该机器出现了各类质量问题，前后两次送达北京维修中心维修且维修时间长达1个月之久，严重影响本人正常使用且使我身心俱疲。

以下是我在购机后所遇到的一系列质量问题：

(1) 新机器出厂故障。在相机购买后第5日（即2013年9月24日）本人第一次使用该机进行了试拍，发现从第一张照片起，照片左上部位有3～5处色斑、污斑，并且在随后的拍摄中，这种斑点现象愈加严重（有照片为证）。因当时本人出差，故而无法亲自回津向售后中心反映此问题（有机票为证）。本人在返津后第一时间到经销商处反映此问题，但经销商以超过15日质保期为由介绍去天津售后维修中心解决。随后，我送机到天津售后维修中心，并强烈主张退机，但工作人员仍以超过15日质保期为由，确认只能邮寄北京维修中心去做检测、维修。出于对尼康品质的一贯信赖，我当时接受了工作人员的提议。之后的检测结果为进灰，需要进行清洁维修，但作为消费者我实在不能理解，作为相机领域顶级品牌和旗下高尖端新品，为何在出厂密封的状态下，第一次使用时就会出现灰尘，并出现照片瑕疵？作为一个使用单反多年的消费者，对于工作人员此为正常进灰的解释，实在不能接受。

(2) 进灰问题无法解决及对故障的界定。在经历了将近两周的维修后，我在拿到机器的第二天（10月12日—10月22日初次维修后的第二天）即进行了再次试拍，但依然存在上述质量问题。无奈之下，相机再次被送到北京维修。我得到的答复依然为进灰，并需要通过拆机、换件来进行维修，且时至今日尚未返还。对于北京、天津售后维修中心的工作人员再三将进灰归为正常情况并否定为质量故障，我持有完全不同的见解。新出厂的机器为何会接连出现进灰问题且无法处理？为何只能通过拆机、换件进行处理？种种迹象证明产品设计存在质量缺陷。

（3）其他质量问题——新故障频发。除了进灰问题没有解决，在二次试拍中还发生其他质量问题：一是照片顶部出现不明亮点；二是相机自动从FX全画幅模式跳转至DX半画幅模式；三是相机机顶内置闪光灯间或性在可达到闪光条件下不能弹出闪光；四是经北京售后维修中心检测，还出现了相片存在横纹等之前未发生的新故障。这些问题不仅对相机的使用和照片的质量产生了巨大的影响，更让消费者对D600的品质产生巨大疑问。

作为消费者，我无法理解维修中心之前提出的所谓以上质量问题都是“非重要的正常的细微故障”。我购买尼康相机看重的就是尼康的品牌和质量，但为何一款新出厂的未经使用过的高端产品会频频出现如此多的故障？而且对于贵公司做出的种种解释，我也无法认同接受，这不仅伤害了我对尼康的情感，而且让我觉得自己的权益受到了严重的侵害。

综上所述，鉴于此台D600劣质的质量，并且我因此付出了巨大的时间成本、精神成本及额外费用，且已身心疲倦，为了维护本人的权益，也为了日后免于无休止地往返于维修中心，特此进行投诉。

由于投诉的案例太多，我在此选择较为典型的案例来分析尼康的危机管理失误。当众多投诉集中在一起时，自大和傲慢的尼康公司并不以为这样的投诉有什么大惊小怪。这是由于这些日本企业对中国市场的偏执造成的，其程度远超我们的想象。

正是基于这样的思维，当中国媒体大规模报道后，特别是在2014年“3·15”晚会上曝光后，尼康公司在官方网站上做出了回应。详细内容如下：

致尊敬的尼康数码单反相机“D600”用户

您好！感谢您选用尼康数码相机产品。

我公司曾于2013年2月22日发布了一篇名为《致尼康数码单反相机D600用户》的公告。针对用户指出的所拍摄画面内出现多个黑色颗粒状影像的现象，我们会收下用户的相机，检查并采取适当的处理措施。

对发生上述现象但已超出保修期的尼康D600数码单反相机，今后我们也将免费为用户提供相应的服务。

数码单反相机的结构使得这一现象的彻底防止在技术上极其困难，而在某些罕见的情形下，这些尘埃在影像中非常明显，因此我们希望以此服务来减轻该现象。

【解决方案】

如您按照用户手册“低通滤镜使用注意事项”中的记载步骤，对相机图像传感器进行清洁，或用气吹手动清洁后仍无法清除尘埃颗粒时，请与您最近的尼康售后服务中心或尼康特约维修站联系。我们将免费对相机进行检查、清洁，并进行快门等相关零部件的更换（相机的往返寄送费用由尼康公司承担）。

在这次危机事件中，尼康依然回避问题，并没有实质性地为顾客解决问题。按照国家的三包规定，相机因质量问题返修两次之后，可以退换产品。面对这样的规定，尼康却辩称，清灰不算修理，并以此拒绝给顾客更换新机，甚至还以雾霾为借口来推卸责任。

据媒体报道，尼康D600是2012年9月发布的全画幅数码单反相机，总像素达2 466万，目前市面上的单反相机参考售价约为9 600元。在过去几年间，这款相机一直被质疑存在设计制造缺陷。[①] 其后，由于尼康公司的推诿，中国媒体集中大规模报道，使得尼康问题相机的危机二次发酵。

第二节　顾客投诉与危机的蝴蝶效应

不可否认的是，尼康公司漠视顾客的投诉并非个案。由于一些企业不重视顾客投诉，使得诸多顾客投诉发酵，结果使之发展成了危机事件。当危机事件爆发后再来应对已经爆发的危机，无疑给企业经营者有效地应对危机管理增加了难度。

在最近几年中，因为顾客投诉而导致的危机事件不胜枚举，这些危机案例给企业经营者提供了很好的反面教材，如“日航中国乘客事件”“东芝笔记本事件”“尼康问题相机事件”“丰田汽车召回事件”等。这些危机案例都是因为没有对顾客投诉给予足够重视，采用错误的处理方式，使得企业危机事件恶化，给企业造成了巨大的直接和间接损失。如果从长远来分析，危机对这些企业的影响，间接损失比直接损失要大得多。

究其原因，顾客投诉引起的蝴蝶效应足以让危机企业付出惨重的代价。蝴蝶效应是指在一个动力系统中，初始条件下微小的变化能带动整个系统的长期而巨大的连锁反应。因为任何事物的发展均存在定数与变数，事物在发展过程中的发展轨迹有规律可循，同时也存在不可测的“变数”，一个微小的变化都能影响事物的发展。事物的发展具有复杂性。[②]

蝴蝶效应源于 20 世纪 60 年代，美国气象学家爱德华·洛伦茨在 1963 年的一篇提交给纽约科学院的论文中分析说：“一个气象学家提及，

① 张钰芸. 尼康 D600 拍出照片黑斑点点［N］. 新民晚报，2014-03-16。

② 百度百科. 蝴蝶效应［EB/OL］. 2014. http://baike.baidu.com/item/蝴蝶效应/13502#viewPageContent.

如果这个理论被证明正确，一只海鸥扇动翅膀足以永远改变天气的变化。”

在后来的演讲和论文中，爱德华·洛伦茨用了更加形象的蝴蝶来表述同样的道理。不过，对于该效应最常见的阐述是：“一只南美洲亚马孙河流域热带雨林中的蝴蝶偶尔扇动几下翅膀，可以在两周以后引起美国得克萨斯州的一场龙卷风。”

究其原因，蝴蝶扇动翅膀的运动会导致其身边空气系统发生微小的变化，其产生的微弱气流会引起周围空气的相应变化，由此引起一个一个的连锁反应，最终发生极大变化。

蝴蝶效应给企业经营者的启示是，一起看似微不足道的顾客投诉，在经过一系列演化后，极有可能成为一个无法控制的危机事件。当顾客投诉达到一定新闻价值后，媒体记者就会敏感地抓住，随之进行专题报道，企业顾客投诉的危机也就形成，其过程如图 7－1 所示。

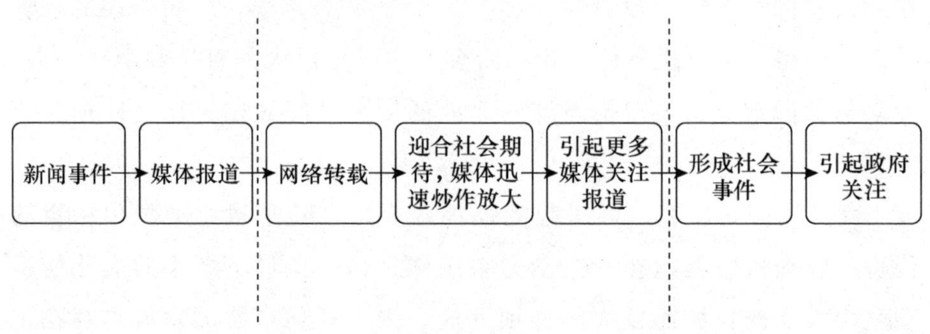

图 7－1　顾客投诉形成企业危机流程

在实际经营中，企业经营者不可能避免遭遇顾客投诉，顾客投诉的“蝴蝶效应”每天都可能引爆企业危机。这就需要企业经营者正确地把握顾客投诉的时机，其结果比事后应对危机更加有利，一旦企业经营者走错一步，可能断送的不仅是自己辛苦打拼积累的企业，可能会更多。我们继续来看看尼康问题相机的案例。

在 2014 年的央视“3·15”晚会上，中央电视台曝光了尼康 D600 相机存在的质量问题。然而，在央视“3·15”晚会曝光“黑斑门”之后，

尼康依然采取日本企业特有的傲慢和自大的态度，仅仅做出致歉以及提出三点应对措施。

细心的顾客发现，尼康的措施根本没有解决实质问题。尼康 D600 的用户拿着消不掉黑斑的相机，一次次地奔波在售后维修处。在石家庄，一个影友所发的《使用尼康 D600 机器的摄影人是否要陷入掉渣门的终身烦恼》的帖子引发了广大影友的共鸣。于是，石家庄摄影家协会联合摄影峰会·群主联盟 QQ 群在其官网发布了《关于开展问题相机调查　维护影友合法权益的公告》，并征集遭遇“掉渣”尴尬的影友“一道讨公道”，开始走上集体维权路，尼康公司的危机事件再次发酵。

事实证明，在企业日常的经营中，顾客投诉可能就是引发企业危机事件的一只“蝴蝶”。的确，顾客投诉后一旦得不到重视和有效处理，无疑会在博客或者微博上发泄自己的不满情绪，甚至产生过激行为，进而吸引媒体参与曝光，引发公共关系危机，如达芬奇家具危机事件、西门子冰箱危机事件、左右沙发的公关危机事件……这些危机几乎都是因为顾客的投诉没有得到有效处理，最后演变成了危机。因此，了解投诉的原因和应对方法，在理念层面形成对投诉的正确认识尤为重要。[①]

可能读者会问，既然顾客投诉处理如此重要，那么顾客到底在投诉什么问题呢？在中国消费者协会公布的《2013 年全国消协组织受理投诉情况分析》报告中，根据投诉性质划分，质量问题投诉比例占 42.9%；合同问题投诉比例占 16.8%；售后服务问题投诉比例占 15.1%；价格问题投诉比例占 3.7%；虚假宣传问题投诉比例占 1.7%；安全问题投诉比例占 1.3%；假冒问题投诉比例占 1.1%；计量问题投诉比例占 1.0%；人格尊严问题投诉比例占 0.4%；其他问题投诉比例占 16.0%，见图 7-2。

---

① 沈志勇. 从公关危机视角看投诉应对［EB/OL］. 2014. http://www.cmmo.cn/article-95721-1.html.

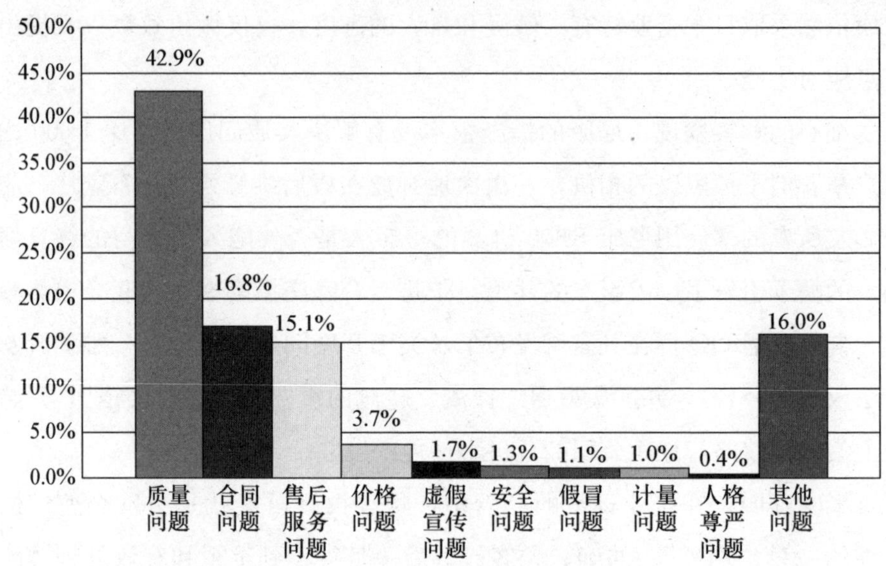

图 7-2　2013 年投诉性质比例图

消费者投诉类型主要集中在三个方面：第一，产品方面的投诉，包括购买假冒伪劣产品、产品标识不当、产品质量瑕疵、价格不合理等问题；第二，服务方面的投诉，包括服务态度不佳、专业知识不够、因服务场所管理不善而造成顾客人身财产损失等；第三，在广告宣传方面，对功能和品质过分夸大导致顾客投诉。①

第三节　建立高效的顾客投诉管理体系刻不容缓

一些企业经营者由于缺乏有效应对顾客投诉的方法，最终为自己的行为付出了代价。无论是达芬奇家具危机事件、西门子冰箱危机事件、左右沙发的公关危机事件，还是尼康的问题相机事件、丰田汽车召回事件等，这些巨大的危机事件竟然都是由一起原本简单的顾客投诉演变成的。因此，避免类似的危机事件发生，建立高效的顾客投诉管理体系刻不容缓。

① 沈志勇．从公关危机视角看投诉应对［EB/OL］．2014．http://www.cmmo.cn/article-95721-1.html.

究其原因，顾客投诉管理对于任何一个企业来说，都是一个综合性的管理难题，涉及企业业务管理、人员管理、流程管理等诸多方面，绝不能仅仅局限在顾客服务中心一个部门。

众所周知，企业有效地解决顾客投诉不仅可以赢得顾客的认可，还能提升顾客的忠诚度。因此，在面对顾客投诉时，企业经营者必须积极地处理顾客的投诉问题，对服务、产品或者沟通等方面的失误进行及时补救，赢得顾客的认可。因此，只有将高效的顾客投诉管理体系执行到位，才能真正地解决由顾客投诉导致的危机事件。

一般地，顾客投诉管理体系主要有如下几个方面：

(1) 做好顾客投诉预防工作。事实证明，事后控制不如事中控制，事中控制不如事前控制。在实际的顾客投诉管理过程中，做好顾客投诉预防工作是最为重要的一个环节，企业经营者不仅要重视顾客的投诉预防工作，还需要向各个部门大力推行。这就要求充分利用企业最前端的资源有效地解决顾客的投诉问题，而不是等到顾客投诉以后再亡羊补牢，应该将顾客的不满解决在萌芽阶段。

(2) 积极受理顾客的投诉。当接到顾客投诉时，企业经营者必须积极受理顾客的投诉，积极地做好顾客的投诉受理工作。这也是准确识别顾客和准确识别其需求的一个机会。为此，企业经营者必须做好如下三个方面的工作：第一，为顾客投诉提供顺畅的渠道，如投诉电话、电子邮箱、董事长信箱、顾客回访等；第二，规范处理顾客投诉流程，记录、受理、处理、分析、反馈都必须流程化；第三，完整地搜集顾客的相关投诉信息，通过标准化的、人性化的顾客管理对不同的顾客以及其不同的消费需求进行大数据分析。

(3) 有效地处理顾客投诉。在受理顾客的投诉之后，企业必须有效地处理顾客投诉。因为处理顾客投诉是企业处理顾客投诉管理的核心部分，甚至可以说，处理顾客投诉的结果直接关系到顾客的认可与否。如果企业处理顾客投诉应对得当，不仅可以赢得顾客的谅解与支持，改善与顾客之间的关系，同时也会提升顾客的满意度与忠诚度。

众所周知，处理顾客投诉不仅是一门学问，更是一门艺术，因为这项工作是集心理学、法律知识、社会文化知识、公关技巧于一体的。在实际处理顾客投诉的过程中，不仅需要工作人员的道德修养、业务水平、工作能力等综合素养，还需要工作人员对顾客抱有同理心。因此，在处理顾客投诉时，最好注意以下几点：

第一，礼貌地对待顾客粗鲁的投诉。一般地，顾客在投诉时，往往情绪较为激动，甚至粗鲁，此时企业工作人员必须礼貌地对待顾客，避免顾客采取过激的行为。

第二，站在顾客的角度分析投诉问题。企业工作人员在处理顾客投诉时，应尽可能地站在顾客的角度分析投诉问题，不能只站在企业的角度来处理顾客的投诉问题。

第三，倾听顾客的投诉。通常情况下，顾客的投诉行为仅仅是一种发泄，而企业工作人员喋喋不休的解释可能会导致顾客更加不满。因此，企业工作人员应该耐心地聆听顾客的投诉，从中发现问题的真正原因，给出最好的解决办法。

第四，向顾客道歉。顾客之所以投诉，是因为企业产品或者服务存在不足之处，企业工作人员应该真诚地向顾客致歉，请求顾客的谅解，并感谢顾客的投诉，保证以后改进产品质量或者提升服务质量。

第五，迅速处理顾客投诉。对于顾客投诉，企业必须及时处理，绝对不能拖延，以免事态升级，转化为危机事件。

（4）分析顾客投诉。企业经营者要想了解顾客的真正需求、贴近市场，必须处理好顾客投诉。因为从众多具体的顾客投诉中可以发现一些规律性的或异常的问题，企业经营者可以从顾客投诉中分析挖掘出有价值的东西，从而更加了解顾客需求，更加贴近顾客，更加贴近市场。

（5）不断完善顾客投诉管理制度。在建立了顾客投诉管理体系以后，企业经营者需要将其制度化、规范化，使企业工作人员在处理顾客投诉时有章可循，并把其纳入公司日常管理的范畴，设置专人进行顾客投诉管理，并定期对顾客投诉管理工作进行考核。不过，在实际处理顾客投诉的过程中，可能会因为制度的问题导致顾客投诉不能顺利进行，这就需要不断完善顾客投诉管理制度，让其更好地发挥作用。

读者可能会问，既然顾客投诉的作用如此之大，作为企业经营者，该如何处理顾客投诉呢？企业经营者可以采取以下步骤处理顾客投诉，见表7－1。

表7－1　　处理顾客投诉的步骤

1. 耐心聆听	耐心聆听顾客的倾诉，引导顾客说出其对产品质量的不满，让顾客发泄累积的不满情绪，这样有助于解决问题
2. 表示同情	同情顾客遭遇的问题，同时让顾客知道企业经营者一定会尽力解决问题
3. 不管是非黑白，都要虚心道歉	在处理顾客投诉时，顾客的对错其实并不重要，重要的是企业经营者该怎样解决投诉问题，而不是让顾客投诉的问题蔓延、扩大
4. 绝对不与顾客进行辩解	当企业经营者与顾客进行沟通时，无论顾客的意见是对是错，都不与顾客进行辩解
5. 提出相应的解决方法	在处理顾客投诉时，企业经营者必须站在顾客的立场上，在兼顾企业利益的前提下，提出妥善解决顾客投诉的具体办法，同时向顾客详细说明其步骤、所需要的时间等
6. 获得顾客的同意	在处理顾客投诉时，企业经营者必须使解决方法得到顾客的同意，否则只会让顾客再次不满
7. 跟进结果	在处理顾客投诉时，企业经营者必须在征得顾客的同意之后立即付诸实施，同时还要跟进每一个步骤，尽可能地让顾客感到满意

第八章
企业用人的潜在危机

在实际经营中，大多数企业经营者是营销高手或者技术专家，在专业领域内能力较强，但是却在有效运作企业、管理团队方面存在不足，甚至知之甚少。

当企业迅猛发展，成长到一定规模时，往往无法依靠企业经营者自身的能力来有效解决沟通协调成本上升、运作效率降低等问题。在这样的背景下，企业经营者要想突破发展瓶颈，必须依靠团队来管理企业。由于一些企业内部缺乏人才储备，这就不得不引入职业经理人。

然而，在人才信用机制严重缺乏的情况下，在引入合适的人才的同时，有效地降低用人风险，防止人事地震是企业经营者不得不面临的问题，同时也是一个非常重要的急需解决的问题。

然而一些企业经营者只关心其引入的职业经理人的工作能力，忽略了其品德和忠诚等因素，结果引发了企业危机并为之付出沉重的代价。因此，在引入人才时，企业经营者评估用人风险就势在必行，这是降低用人风险的一道屏障。

第一节　降低用人风险是企业的一个重要课题

在最近的媒体报道中，不管是中国本土企业，还是位列世界500强的跨国公司，都频频陷入了各类人才危机当中，人力资源危机显然已经成为中外企业最凸显的危机形式。

据零点调查的数据，当前企业最常面临的前三种危机依次是：人力资源危机、行业危机、产品/服务危机，见图8－1。

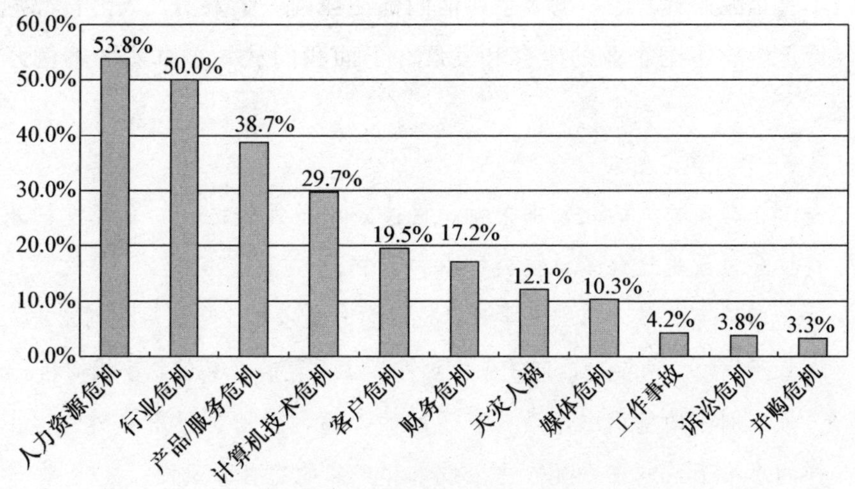

图8－1　企业经常面临的危机类型

注：本图是零点调查的相关数据。其中人力资源危机包括员工离职率高、重要中高层管理人才意外离职或被解雇以及重要中高层管理人才突然逝世；其他危机包括财务、媒体、并购、诉讼、工作事故等。调查采用的是多选题，应答比例之和大于100%。

从这个数据不难看出，排在第一的人力资源危机已经成为中国本土企业不得不面临的危机形式，同时人力资源危机给企业造成了较为严重的影响。据零点调查的数据，有33.7%的被调查企业表示人力资源危机对其企业产生了严重影响。

上海卓跃管理咨询有限公司庞亚辉撰文指出，企业所遇到的人力资源危机可以概括为四类：高管人事危机、接班人危机、劳资关系危机、企业人才危机。

人力资源资深管理专家陶大宇告诫企业经营者说，在目前中国人才流动机制基本形成、人才信用机制严重缺乏的情况下，特别是在现代职业经理人队伍尚不成熟、缺乏有效的信用机制的情况下，企业家必须能够正确地评估企业的用人风险，并具备相应的风险承担能力。企业如何找到合适的人才以有效地降低用人风险是一个非常重要的课题。长期而言，企业必须通过建立完善的内部管理体系和人才梯队来减少对个人的依赖，以从根本上降低用人风险。

不管是庞亚辉，还是陶大宇，他们都在强调一个事实，人力资源危机已经严重影响中国企业的生存和发展。下面我们从一个真实的案例开始讲起。

在高楼林立的北京中关村，科技公司多如牛毛。刘东经营的东科科技公司就是这众多科技公司中的一个。

1998年，从北京某大学计算机科学与技术专业毕业后的刘东进入了诺基亚公司。两年后，刘东独立创业，主要经营业务就是手机短信。

在刘东的意识中，只要有了好的产品，市场是不用发愁的。在这样的思维下，刘东更加专注于技术和产品的完善和研发。

由于刘东“不关注市场”，这种观念本身就是不正确的，再加上刘东缺乏管理企业的能力，导致公司管理非常混乱，大部分能力较强的员工都另觅高枝。不仅如此，让刘东难过的是，刘东坚持做的产品没有做好，客户还不接受刘东非常看好的产品。

此刻，东科科技公司已经濒临倒闭。公司的困境让刘东非常发愁。然而一个IT技术研讨会让东科科技公司燃起了一丝复活的希望。

刘东偶然认识了作为发言嘉宾的王刚。在该IT技术研讨会上，王刚的发言给刘东留下极深的印象。刘东觉得王刚不仅有着很丰富的企业管理经验，更为重要的是，他还非常了解手机短信市场。

刘东毫不吝啬，以80万元的年薪聘请王刚做东科科技公司的副总

经理，主管销售和行政。刘东自己仍然担任总经理，主抓技术。

为了改变公司的颓势，刘东把所有的希望都寄托在这个对手机短信市场业务非常了解的王刚身上。因此，刘东对王刚非常信任，大胆放权。

上任之后，王刚在对东科科技公司进行过一些了解之后，马上大刀阔斧、信心十足地干了起来。他重新进行产品定位、制订销售计划、招聘销售人员、建立销售网络，并且不断对公司员工进行培训，建立绩效管理体系。

功夫不负有心人，王刚的到来使得东科科技公司业绩倍增，提高了东科科技公司的岗位效率，还使东科科技公司实现了制度化管理。

王刚经过一年多时间的艰苦奋斗，使东科科技公司发展得非常迅猛，公司规模也一步一步扩大了。

然而，刘东和王刚之间的矛盾使得东科科技公司的危机再次袭来。由于王刚挽救了东科科技公司，在公司里王刚的威信较高，刘东开始担心东科科技公司失控于王刚。

以前从不过问公司大小事务的刘东渐渐地都要亲自过问处理，包括由王刚分管的事情都要经过刘东的最后批准。

刘东突然收权使得王刚的工作变得很被动。因为王刚是东科科技公司的头等功臣，他也开始对自己的待遇和职位不满意了。

刘东的收权激化了两个人的矛盾，他们不仅对东科科技公司目前的运作管理各执己见，还对东科科技公司今后的发展方向看法各异。

半年之后，王刚辞职了，随同辞职的还有东科科技公司的技术部经理陈跃、销售部经理袁军。刚刚策划好的企业产品和市场机密也被随之带走。

这一次，刘东的东科科技公司彻底垮了。

就像东科科技公司的刘东一样，当刘东高薪聘请王刚时，就应该评估其中的风险，有针对性地放权。在实际的企业管理中，像刘东一样的企业

经营者只知道解决公司眼前的困难，忽略了对风险的防范，这就引发了东科科技公司潜藏已久的危机，最终可能因为这个危机彻底击垮公司。因此，企业经营者在人力资源管理中一旦自身缺乏法律风险防范意识，再加上法律风险控制不当，就可能给企业带来不少劳资争端，甚至会付出惨重的代价。

上述案例中的东科科技公司就是一个典型的人力资源风险案例。事实上，像刘东那样的企业经营者遭遇到的用人风险只是中国企业遭遇到的众多人力资源风险中的一个。

从上述案例中我们不难看出，尽管有能力的人才能够让企业高速发展，但是人力资源不同于其他物质资源能够准确地评估和度量，并保持恒定的产出。只有企业经营者充分认识到这一点，在目前中国缺乏职业经理人制度的情况下，在选择核心人才时正确地评估核心人才的各个方面——工作经历、人品等，更好地预测用人风险，并具备相应的风险承担能力，才能有效地规避人力资源危机。

第二节　管控和防范核心员工潜在的风险

对于任何一个企业经营者来说，关注核心员工的风险防范是一个不得不重视的问题。遗憾的是，中国企业经营者往往不重视核心员工的风险防范。很多中国企业经营者不清楚人力资源管理中存在着诸多风险。一旦企业经营者在做人力资源决策时稍有不慎，就有可能给企业带来不必要的损失，甚至灾难性的后果。

在“家族企业长盛不衰的秘诀”培训课上，一个民营企业老板问：“周老师，既然人力资源风险防范那么重要，那么有哪些日常的风险呢?”

在研究危机管理10多年的时间里，由于与民营企业老板经常接触，我发现人力资源往往存在着三个风险。我们还是以上述案例来说明，见表8-1。

表 8-1　　　　人力资源存在的三个风险

1. 缺乏核心人才风险防范意识	刘东非常匆忙地拍板决定以80万元年薪聘请王刚，只关注了王刚的管理能力和市场经验，却没有考察王刚的工作经历、人品等因素，这就埋下了王刚离开东科科技公司使之重新陷入更大危机的种子。王刚在跳槽的时候将东科科技公司的先进技术和科研成果带走，他可能将其带到企业的竞争对手那里去，这不仅将企业的宝贵财富拱手相让，还可能改变市场竞争格局，造成巨大的间接损失
2. 用人风险控制不当	为了改变东科科技公司的颓势，刘东把所有的希望都寄托在王刚身上。当王刚加盟时，刘东对他的过分信任和无限制的放权也加剧了用人风险。当东科科技公司的经营状况有所好转时，刘东突然亲自过问的做法激化了他与王刚之间的矛盾
3. 缺乏用人风险的驾驭能力和解决办法	刘东在聘请王刚时必须了解自己对用人风险的驾驭能力和解决办法，即刘东在放权的同时必须监控王刚的职责

从表 8-1 可以看出，企业经营者一旦处理不好人力资源存在的三个风险，就将会付出惨重的代价。

在近几年的媒体报道中，一些企业因为集体跳槽而导致的危机屡现报端，当前企业出现的高层人事管理危机和跳槽危机主要表现在两个方面：第一，企业人才匮乏；第二，中国本土企业缺乏有效的内部管控。

数以万计的企业经营者没有意识到高层人才危机的严重性，也就没有建立一个有效的监督、约束和预警机制，甚至在一些企业中还出现了“集体跳槽”的问题。

这样的问题无疑是非常严重的，因为企业的中高层管理人员意外离职，无疑会给企业造成巨大的损失。究其原因，这些中高层管理人员熟悉企业运作模式、营销战略、广告投放策略，拥有企业的大批合作者资源。一旦这些中高层管理人员离职，往往会加盟原企业的竞争企业，这无疑会给原企业的经营和发展带来较大的影响。

当然，这样的问题源于中国企业本身。一些企业经营者在招聘时的目的就是选择能够立即创造巨额利润的人。像营销总监集体跳槽的问题，对于原企业来说，打击是非常大的，因为营销总监同时带走了企业的合作者、经销商。

一旦某个企业遭遇类似的职业经理人“集体跳槽”危机，该企业将会付出高昂的代价。因此，要想解决这个问题，最好的办法就是备份核心员工。不过，中国企业一般不重视备份核心员工，总是临时抱佛脚。《市场报》报道的数据显示，在中国企业中，仅有17.2%的企业在平时就比较注重培养高层管理人员的接班人，一旦出现重要管理人员意外离职的情况，可由“接班人”直接接任其工作，对企业的正常运转不会造成过大的影响；18.2%的企业对企业重要高层管理人员的意外离职持不在意态度，出现高层管理人员意外离职情况时由上级领导指定临时接班人；47.9%的企业采用先企业内部竞聘，然后由管理会决定的方式；14.4%的企业采用由管理会直接决定的方式；其他方式占2.3%，详情见图8-2。

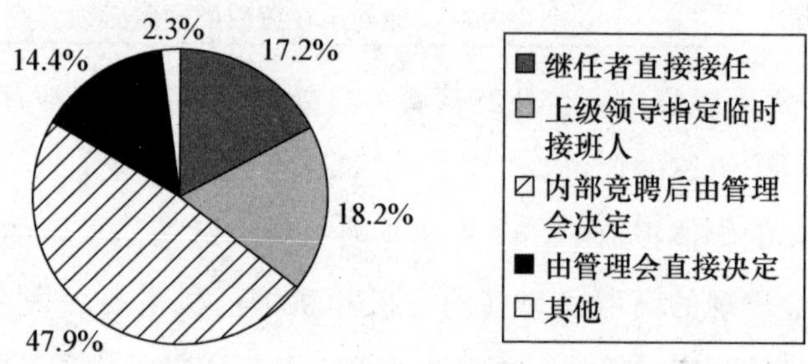

图8-2　企业处理中高层管理人员意外离职的措施

资料来源：李旭红．零点对京沪两市调查显示：一半企业面临人力资源危机（调查分析）[N]．市场报，2004-06-15.

图8-2的数据显示，只有17.2%的企业在平时就比较注重培养高层管理人员的接班人，这说明中国企业对应对核心人才缺位不够重视。因此，企业经营者在某些重点岗位上配备相应的、能够胜任的核心员工以进行“备份”，这不失为企业经营者应对核心员工流失的一招妙棋。

事实上，“备份”核心员工的举措在国外早就有了，典型的事例有很多，如英特尔公司前设计师费根在创业初期设计出微处理器8080，产品不仅得到了客户的认可，还开创了巨大的微处理器市场，给英特尔公司创造了丰厚的利润。但让英特尔公司的创始人没有想到的是，费根在打开英特尔微处理器市场的关键时刻却离职了，同时还带走了另外两名重要的技术人才，重新创办了一家微处理器公司，推出了比8080还要先进的新一代微处理器产品，由此抢占了英特尔公司原有的大部分微处理器市场。

费根事件给英特尔公司造成了沉重的打击，使英特尔公司几乎一败涂地。不过，正是由于此次教训，英特尔公司才开始重视“备份”核心人才。

管控和防范核心员工潜在风险的具体做法是，在引进核心人才的同时，更加关注集体智慧，即每开发一个项目，都会有多人同时参与，有时同一个项目由若干个小组同时研发，谁的成果领先，谁就有机会形成产品，投放市场。如此一来，既形成了企业内部的竞争机制，又极大地促进了企业研发工作的长足开展。① 若干年后，英特尔公司才重新崛起。

从英特尔公司的人才备份策略来看，备份核心员工的作用越来越重要，还影响着未来的竞争。因此，当资金和实力雄厚的跨国公司进入中国的时候，抢人才、高薪聘请人才就成为了常态，这就要求中国企业经营者必须尽可能地认识和理解备份核心员工的重要性。

备份核心员工工作不仅关乎着中国企业的长久发展，同时也关乎着中国企业的未来。因此，中国企业经营者“备份”核心员工可以说是当务之急，作用也越来越重要。因为加入WTO后决定企业生死存亡的既不是市场竞争，也不是产品竞争，而是核心员工的竞争。

对此，一些研究者认为，企业即使留不住关键性的顶尖人才，至少也应在其岗位上配备好顶替得上的备份人才，这样，企业才不会因一两个顶尖人才外流而被迫中断新产品的研发和市场的开拓。在这方面，青岛海尔集团独树一帜，先行一步，它在开发同一产品时，不仅在国内有研发小组，同时在国外还有很多科研机构一起进行研发。如此，企业人才外流的风险就迎刃而解了。②

不可否认的是，核心员工的备份问题也成了企业最为头疼的难题之一。对于企业的核心员工，特别是那些非技术岗位的某些重要职位，可采

---

①② 吴学安. 不妨给人才备份［N］. 中国青年报，2003-05-12.

取设立后备人员的培养计划，让这些“替补员工”提前熟悉将来的工作，一旦发生重要岗位人员流失，候选人就能在最短的时间内胜任工作，从而降低由于核心员工离职后非技术岗位空缺而造成的损失。①

业内专家认为，建立一个完善的人力资源危机预警机制信息系统，将企业内外部有关人力资源的信息集成为一个信息包，可以方便和增强企业管理者对这些信息的管理。一般地，企业内部信息包括在职人员信息、离职人员信息、核心员工储备信息、核心员工工作动态跟踪信息等。通过这些信息，企业可以随时了解核心员工的离职率变动情况以及离职原因，从而有针对性地及早采取相应措施。比如，根据企业以往的平均离职率可以预测这一阶段的离职人员数，根据这一情况，提前从员工储备库中挑选后备人员进行培训，这样就降低了离职发生时岗位长期空缺的可能性（见图 8-3）。②

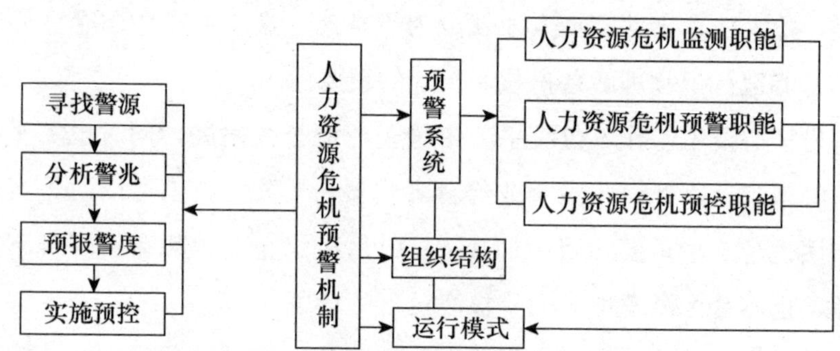

图 8-3　人力资源危机预警机制信息系统

另外，企业外部信息主要包括同业人员信息、同业核心员工需求信息、核心员工供给信息等。通过对核心员工供给状况的了解，企业可以快速有效地为核心员工流失后的空缺岗位补充核心员工；而同业人员信息中，了解其他企业特别是直接竞争对手企业中知识型员工的薪资福利水平

① 核心员工不可替代更需未雨绸缪［EB/OL］. 2014. http://www.hr163.com/www/18/2012-10/17786.html.

② 徐政科. 浅析我国中小型企业如何留住知识型人才［EB/OL］. 2014. http://www.docin.com/p-509741933.html.

以及行业平均薪资水平，可以帮助企业更好地制定本企业薪酬政策，防止因薪资问题而导致核心员工流失。①

为了从根本上解决企业人才流失所导致的危机问题，企业经营者有必要思考如何在自己的公司里建立一套人才危机管理系统，并形成一种机制和文化，使人才效益得到最大限度的发挥，最终促进企业对人才管理的战略性投入与开发，保证企业和员工的生存与发展，达成双赢的局面。②

第三节　企业用人风险有规可循

"21世纪什么最贵？人才。"这句经典台词道出了许多企业经营者们的心声与无奈。在当今竞争日益激烈的知识经济时代，科学技术飞速发展，技术成为了决定一个国家或企业是否具有竞争力的重要因素。而技术创新与进步是由核心人才完成的。因此，技术的较量归根结底就是核心员工的较量。掌握科学技术知识的核心员工，日益成为各企业争夺的对象，这种核心员工的供需缺口以及全球化和信息化的不断深入，为核心员工的流动创造了需求并提供了可能，核心员工日益频繁的全球流动已经成为当今社会核心员工流动的一大特点。

尤其在我国加入WTO之后，中国企业不可避免地与实力雄厚的跨国公司争夺核心员工。在这种大兵压境的情况下，如何留住本企业的核心员工，尽量不让本企业的核心员工流失，降低流失风险，已经成为中国企业经营者必须解决的一大课题。

不可否认，当企业做强做大后，招聘更多有能力的人才也就成为一种趋势，特别是近年来世界500强企业进入中国后，企业对人才的需求也相应增加，再加上中国严重缺乏人才信用机制，企业经营者找到合适的人才

---

① 核心员工不可替代更需未雨绸缪［EB/OL］. 2014. http://www.hr163.com/www/18/2012-10/17786.html.

② 王婕. 企业人才管理：正视危机　为骨干员工流失检讨［EB/OL］. 2014. http://finance.sina.com.cn/leadership/cjzh/20050901/14501935079.shtml.

以有效地降低用人风险就成为了工作的重心之一。

对于任何一个企业经营者而言，面对用人风险，必须调整人力资源管理思维，依据用人风险，有针对性地改进人力资源方面的管理方法，进一步建立更加专业、合理、精细的人力资源体系，以达到控制用人风险的目的。

对此，业内专家撰文指出，企业经营者可以采用以下策略降低企业用人风险，见表8-2。

表8-2　　　　降低企业用人风险的9种策略

1. 正确认识与人才的关系	很多企业经营者认为，经营者与人才之间的关系仅仅是简单的雇用和被雇用的关系。其实，这样的看法是不全面的，经营者与人才的关系是一种合作、共赢的关系。只有企业经营者充分地认识到这一点，给予人才更多的重视和认可，才可能建立良好的合作基础
2. 制定符合公司发展需要的人事政策	企业经营者必须依据企业的发展阶段、发展战略以及内外环境、文化等因素确定企业的基本人事政策，书面确定企业引进何种技能的人才、怎样激励和留住人才等原则性说明，更好地指导企业的人才引进、使用及其他人力资源工作
3. 根据企业发展需要对人力需求做系统分析	企业经营者依据企业人力资源和工作岗位的匹配程度对人力需求做系统分析，了解哪些岗位需要何种技能的人才、哪些岗位的人才需要从外部引进储备等
4. 制订用人计划	在制订用人计划时，企业经营者根据本企业发展的实际需要确定何种岗位需要引进人才以及人才引进的时机、数量、方式等，有效地减少盲目及应急地引进人才，降低用人风险
5. 健全人才选拔机制，用适当的方式选择适当的人才	很多企业经营者在引进人才时往往借助猎头公司提高选人的成功率。尽管这一方法可以规避一部分用人风险，但是要想彻底解决用人风险，还必须依靠健全和完善的人才招聘、选拔机制，从制度流程上降低和避免企业的用人风险
6. 建立合理的激励约束机制	要降低用人风险，企业经营者就必须建立合理的激励约束机制。在实际管理中，企业经营者和人才是合作关系，这种关系必须建立在用相应的激励约束机制来明确双方的权利和义务、维护双方的利益的基础上
7. 保持适当的期望	不可否认，有些企业经营者打算通过高薪聘请一个或几个人才来解决所有问题。这样的观点是不正确的，也是十分盲目和不现实的。企业经营者对引进人才的期望过高往往会失去信心。因此，在引进人才时，企业经营者应该保持适当的期望

续前表

8. 合理地使用人才	当人才引进后，企业经营者必须善用各种激励约束机制合理地使用人才，最大限度地为人才提供发挥才能的空间和余地，达到人才合理使用的目的，从而降低用人风险
9. 保持必要、适时、有效的沟通	必要、适时、有效的沟通可以降低企业经营者的用人风险。这就要求企业经营者对人才的工作目标、工作进度等问题进行沟通，适时地解决问题，给予激励，适时地控制和纠正偏差……以避免问题的堆积和矛盾的激化，最大限度地降低用人风险①

① 王启军，王军爱，宫照馥．高薪下的陷阱［J］．人力资源开发与管理，2008（12）．

第九章
规模扩张的潜在危机

在中国企业中，很多企业经营者总是贪大求全，结果使得危机重重。比如在星晨急便速递有限公司面临倒闭危机时，媒体质疑创始人陈平太激进，陈平在接受媒体采访时也坦言贪大求全。陈平说："我觉得旁观者清，这些评价我是能接受的。宅急送2008年的那次转型，由传统物流转为快递时，应该还是过激了一点，现在大家都认为我的方向是对的，但是大家并没有跟上我。我个人跑得太快了，当我一回头的时候，我的队伍没有跟上，这样打仗肯定失败。当时由于来自家族员工的压力、投资者的不满，宅急送内部矛盾爆发，再加上融资不成功和金融危机三重压力，我含恨从宅急送中出来。那个时候的恨是恨别人，怎么这些人都不理解我，不拥护我。这次也是含恨，这次是恨自己，恨自己太贪大求全。"

可以说，在中国改革开放30多年的时间里，星辰急便不过是因贪大求全而倒下的众多企业中的一个。因此，要想企业良性经营，不能贪大求全，必须符合企业的自身发展规律，否则会引发难以控制的危机事件。

第一节　盲目扩大规模无疑是饮鸩止渴

规模制胜是很多欧美国家偏好的一种战略模式。不可否认，规模战略在某一个阶段对于企业的发展是有利的，但是如果你认为它放之四海而皆准，那么你的企业可能就离倒闭不远了。

2008年金融危机后，扩大内需消费成为拉动中国经济增长的一驾马车，面对中国潜力巨大的市场，一些企业纷纷扩大规模，过去某些品牌企业曾犯过的错误，这些企业正在重蹈覆辙。

在这些企业的经营者看来，拥有庞大人口的市场足以大展宏图，因此也不做足够的市场调查，就买地买设备，大规模扩充产能。

殊不知，企业经营者这样做可能会使得企业的发展面临隐患，甚至有可能使产品市场陷入疲软。从企业内部来说，盲目扩大规模，企业容易陷入追求数量而忽视质量的误区，低水平重复建设效率低下。而且，基础不稳固的高速发展是无法持久的，如果企业规模超出了自身的管控能力，肯定会出大问题。甚至，有些企业表面上规模很大，实际上资产却很差，面临着种种潜在风险。① 接下来我们从一个真实的案例着手分析。

亚星化学是潍坊亚星化学股份有限公司的公司简称，曾经具有生产氯化聚乙烯世界第一的规模。然而，规模并没有能够给亚星化学带来乘数效应。相反，其主营业务却连续多年亏损。为了挽救亚星化学的命运，大股东不得不转让手中半数亚星化学的股权引进新股东。

2012年9月3日，亚星化学宣布：公司将引入新的大股东。亚星集团与山东省盐业集团签署《股份转让协议》。大股东亚星集团将其持有上市公司35%股权中的17.5%（5 523万股）以每股5.12元，总

① 门窗幕墙企业切忌盲目扩大规模［EB/OL］. 2014. http://www.chinamendu.com/InformationShow/4907.

价款约2.83亿元的价格转让给山东省国资委独资企业山东省盐业集团。转让完成后，亚星集团与山东省盐业集团并列成为公司大股东。隐藏在这背后的是亚星化学巨大的财务黑洞与亚星集团疯狂的资金占用。

亚星化学公开的报表显示，在2011年年底，亚星化学流动资产相对流动负债的缺口高达9.4亿元。2012年上半年，这一数额上升至11.5亿元。在2012年6月18日，证监会对亚星化学与亚星集团逾13亿元的直接非经营性资金往来以及15亿元的间接性经营往来未入账等行为做出处罚决定。①

在其显露败相前，亚星化学可是行业内当之无愧的规模霸主。

亚星化学在2001年上市时，就拥有生产氯化聚乙烯2.5万吨、聚氯乙烯2.5万吨、烧碱5万吨的产能。在这些产能中，亚星化学生产氯化聚乙烯的规模已经位居亚洲第一、世界第二。在市场占有率上，亚星化学拥有中国市场40%以上的占有率，排名第一；亚星化学拥有国际市场18%以上的占有率，排名第二。

当亚星化学上市后，募集资金逾7亿元。这就给亚星化学扩大规模提供了充足的资金。2003年，年产5万吨氯化聚乙烯的项目竣工后，亚星化学年产氯化聚乙烯的产能就突破了7万吨，由此登上了世界第一规模的宝座。

从此，在规模扩张的这条路上，亚星化学一直疾驰而行。至2005年，亚星化学年产氯化聚乙烯的产能达到11万吨。到了2008年，亚星化学年产氯化聚乙烯的产能更是增至17万吨，傲视全球。

然而，规模的扩张并没有给亚星化学带来效益的增加，相反，还影响了亚星化学的年利润，利润甚至逐年下滑，当初的盈利预测全然成了水中月、镜中花。

---

① 朱剑平，王春．亚星化学山东海龙陨落　大股东“抽血”不断［N］．上海证券报，2012-09-25.

2003 年，随着氯化聚乙烯的产能成为世界第一，亚星化学的净利润达到 5 270 万元。然而，2003 年的利润却恰恰是亚星化学盈利的顶峰。在此后的 2004—2011 年间，亚星化学的销售收入由 9.9 亿元增至 21.1 亿元，净利润则从 3 969 万元一路下滑至 2009 年的亏损 1.16 亿元；2010 年虽盈利 1 919 万元，但其中包含了 1.12 亿元的政府补助；2011 年，公司再报 5 433 万元的亏损。

与之相应，2002 年公司的氯化聚乙烯毛利率为 23.7%，2003 年下滑至 19.14%，至 2010 年沦落到区区 0.53%。造成氯化聚乙烯毛利率下降的原因，正是公司的无序扩张。最能说明问题的是：2011 年，由于公司老厂区搬迁，产量下降，国内氯化聚乙烯的供应减少，其毛利率一下反弹至 12.39%。

在本案例中，亚星化学氯化聚乙烯的生产规模已经达到了世界第一，其主营业务却连续多年陷入巨亏的泥潭，为了拯救亚星化学，大股东不得不转让手中半数股权引进新的股东。更有甚者，中国粘胶短纤“老大”山东海龙，早已陷入破产重整。仅仅在山东一隅，地方龙头企业在成为行业第一后“壮烈牺牲”已绝非个案。这样的结果让我们对曾经广获企业经营者青睐的“规模效益”的思维产生质疑。

长期以来，很多企业以规模扩张为纲，以成为行业龙头为傲。殊不知，当其生产规模跃居中国第一甚至世界第一时，却在耀眼的光环下轰然崩塌，多年赚取的利润仿佛被“黑洞”吞噬，与其规模越大、效益越高的初始设想背道而驰。究其原因，问题竟然出在不顾产品竞争力、资产负债率的盲目扩张上，因为规模的扩张并没带来效益的增加，反倒是使利润逐年下滑。

对此，华中科技大学管理学院何明华教授告诫企业经营者说：“企业扩张的战略决策是一项极其复杂的工作，因此具有较高的风险性。在企业规模扩张中，企业的内外部条件发挥着重要作用。对企业来说，发现外部环境中的成长机会固然是实现规模扩张的关键，但也要与自己的内部实力

相匹配才能实现扩张目标，否则，企业盲目进行扩张，忽视其带来的风险，是非常危险的。”

第二节　规模与做强毫无关联

当企业发展到一定的规模后，要想持续做强做大，企业经营者必须按照企业的实际情况稳步发展，绝不能盲目扩大规模。如果企业经营者盲目扩大规模，必然会犯下很多错误，这些错误就会导致企业遭遇重大经营困难，引发重重危机，这无疑是饮鸩止渴。

在很多论坛上，一些创业者都表示要将创业企业做大做强。似乎只有将规模做大了，才可能做强。其实，这样的观点是有失偏颇的。

在日本，创办于公元578年，现存世上最古老的家族企业——金刚组，只不过是一家日本建筑公司，主营寺庙建设，规模不大，却拥有1439年的历史。粟津温泉饭店同样历经千年，其规模只有100个房间，能容纳450人入住。

从日本的上述两家规模很小的家族企业可以看出，规模不是做大做强的唯一手段。可以说，如果盲目追求规模，不仅不能做大做强，相反还会使得企业遭遇经营困难。业内专家表示，并非单纯地增加规模就能增加效益。其本质是由规模带来成本下降，使产品的竞争力提升，使毛利率维持或者提升。

反观上述案例，就氯化聚乙烯而言，亚星化学虽占据了全球市场中的主要份额，却没有定价权：一是该行业进入门槛不高；二是该产品价格如超出一定水平，就会被别的产品替代。如果产品竞争力不强而盲目扩张，必然会带来行业内企业的非理性拼杀，最终结果是规模越大，受害越深。

其实，像亚星化学这样启动规模扩张引擎的企业不在少数。纵观中国企业就不难发现，许许多多的企业在初创阶段发展得都非常迅速，也都非常稳健，但是，一旦企业发展到了一定规模之后，企业经营者就常常开始扩张规模。

此刻企业经营者的表现如下：不听股东、中层经理等人的谏言；自以为是；好大喜功；盲目冒进……直到最后亲手把自己辛辛苦苦打拼起来的企业给断送了。

北京华夏圣文管理咨询有限公司还特此为中国的初创企业做过一个调查，得出的结论令人非常吃惊：93.25%的创业者在取得第一桶金之后会快速启动几个不关联的比以前更大的项目，以此来推动初创企业的发展，最终资金链断裂，使初创企业面临全面崩溃，成为媒体叹息的对象。

在这里要告诫企业经营者的是，当企业发展到一定规模之后，企业经营者必须克服浮躁和急功近利的心态，否则即便取得一时的利润，也不可能走得太远。

读者可能会问，既然盲目扩大规模将会导致企业倒闭，作为企业经营者，如何才能避免盲目扩大规模呢？具体方法见表 9-1。

表 9-1　　避免盲目扩大规模的方法

1. 慎重上马新的扩建投资项目	当企业发展到一定规模后，企业经营者在上马新的扩建投资项目时必须慎重，不能为了成为行业第一就盲目跟风上马，而是根据企业的实际情况，稳步扩展企业规模
2. 调研必须充分，尽可能掌握足够多的信息	当企业发展到一定规模后，企业经营者在上马新的扩建投资项目时调研必须充分，尽可能掌握足够多的信息。在此基础之上，就能够对新上马的扩建项目的投资回报、投资风险等进行正确评估，确保新上马的扩建投资项目成功的概率
3. 资金充裕，财务结构安排恰当	事实证明，再好的新上马的扩建投资项目一旦没有充足的资金支持，也只能是无源之水、无本之木。因此，企业经营者上马新的扩建项目会同时对资金规模和资金结构产生新的需求。所以，当企业发展到一定规模后，在上马新的扩建项目时，需要准备充裕的资金和恰当的财务结构安排

第十章
财务风险的潜在危机

由于市场环境不断变化，很多企业赖以生存和发展的内外部条件充满着变数。很多企业发现，由于资金链断裂，它的经营活动难以为继。在当前市场经济条件下，企业面临着各种风险，与其他危机类型不同，财务危机是企业全局性、根本性的一种危机。

财务危机既有风险，也存在着机会。当企业经营者面对危机时，准确地预测、防范、控制和处理危机，采取有效措施来减少危机带来的损失，并将危机转化为机会，同时保证企业的财务安全，更好地维护企业的持续经营，不仅是财务工作者当前的重要工作，更是企业经营者面临的重要课题。

第一节　财务风险的五个类型

在实际经营中，企业财务风险的产生有其必然性，在特定的条件下会成为引爆企业危机事件的导火索，并且这种危机存在于企业发展的每个阶段，贯穿于企业的全部发展过程。

在经营过程中，企业的所有经营活动都离不开现金流，一旦现金流在某一个环节出现问题，必然会引爆企业的连锁反应，并且这种危机带给企业的风险是非常大的。这是因为现金流是企业生存和发展的根本，是企业所有经营活动有序进行的前提条件。现金流正常就会给企业带来预期的经营业绩。相反，一旦现金流断裂，企业就会产生财务危机。因此，持续的现金流是企业经营者最应该关注的重点所在。

当然，各种不确定性原因也会影响企业的经营，甚至影响企业的利润收益。这是因为财务经营包含在企业经营中，只要企业对外有合作，其风险就会存在。

所谓财务风险，是指企业财务结构不合理、融资不当使企业可能丧失偿债能力而导致投资者预期收益下降的风险。因此，在实际经营中，特别是在财务管理过程中，企业经营者必须面对财务风险这个现实问题。由于财务风险是客观存在的，企业经营者只能采取积极有效的措施降低该风险，但是却不可能完全消除该风险。

一般地，财务风险有以下几个类型：

第一，筹资风险。所谓筹资风险，是指由于资金供需市场、宏观经济环境的变化，企业筹集资金给财务成果带来的不确定性。常见的筹资风险有如下几个：利率风险、再融资风险、财务杠杆效应风险、汇率风险、购买力风险等。

第二，投资风险。在实际经营中，很多企业的倒下都是因为投资风险。所谓投资风险是指企业投入一定资金后，因市场需求变化而影响最终收益与预期收益偏离的风险。常见的投资风险有如下几个：利率风险、再投资风险、汇率风险、通货膨胀风险、金融衍生工具风险、道德风险、违约风险等。

第三，经营风险。所谓经营风险，是指在企业的生产经营过程中，供、产、销各个环节不确定性因素的影响所导致的企业资金运动的迟滞所带来的企业价值的变动。常见的经营风险有如下几个：采购风险、生产风险、存货变现风险、应收账款变现风险等。

在这里，我们重点介绍一下经营风险的具体内容。很多企业经营者都是因为经营风险处理不当而失控的。所谓采购风险是指由于原材料市场供

应商的变动而产生的供应不足的可能以及由于信用条件与付款方式的变动而导致的实际付款期与平均付款期的偏离；所谓生产风险是指由于信息、能源、技术及人员的变动而导致的生产工艺流程的变化以及由于库存不足而导致的停工待料或销售迟滞的可能；所谓存货变现风险是指由于产品市场变动而导致产品销售受阻的可能；所谓应收账款变现风险是指由于赊销业务过多导致应收账款管理成本增大的可能性以及由于赊销政策的改变导致实际回收期与预期回收期的偏离等。

第四，存货管理风险。在很多传统制造企业中，保持一定量的存货对其正常生产非常重要。不过，确定最优库存量是一个较为棘手的难题：一旦存货过多，必然会积压大量产品，占用企业资金，风险较高；反之，一旦存货太少，必然导致原料供应不够及时，自然影响企业的正常生产，严重时可能造成对客户的违约，极大地影响企业的信誉。

第五，流动性风险。所谓流动性风险，是指企业资产不能正常和确定地转变为现金或企业债务和付现责任不能正常履行的可能性。从这个角度分析，企业的流动性风险主要包括企业的变现能力和偿付能力。一旦企业缺乏支付能力和偿债能力，可能就会引发财务危机。

以上五个是常见的财务风险类型，很多企业经营者都为其所困。究其原因，企业经营者往往常犯将营运资金大量用于固定资产投资和多样化投资的错误，见表10-1。

表10-1　　中小企业发展过程中常犯的两个错误

1. 将营运资金大量用于固定资产投资	由于中小企业日常的营运资金周转一般都比较紧张，在中国经济形势持续保持上升时，将营运资金大量用于固定资产投资就可能实现较丰厚的利润积累。但是，一旦遭遇世界性的经济危机，那么中小企业就会遭遇毁灭性的打击
2. 分散投资	即多样化投资。在中小企业发展的过程中，一些中小民营企业经营者为了避免产品单一情况下过大的经营风险，力图通过多样化投资和多角化经营分散风险。然而，分散投资很容易导致原有经营项目的营运资金周转困难，而新的投资项目又不能马上形成规模，难以形成竞争优势

资料来源：章振东．试论中小企业财务管理现状、成因及对策［J］．湖南财经高等专科学校学报，2004（1）．

要想规避上述两个错误，企业经营者在进行新的固定资产投资或多样化投资之前，必须首先筹措必要的长期资本，以确保原有经营项目的营运资金周转不因新的投资受到影响，否则，就可能陷入万劫不复的境地。①

第二节 漠视财务风险必将付出代价

自20世纪80年代以来，倒下的明星企业可谓是接踵而至。我们分析这些企业的失败案例后发现，这些企业的经营者往往都热衷于盲目冒进、多元化、拆东墙补西墙。深层次的原因是这些企业的经营者不懂经营过程的财务风险，加上企业财务制度不规范，资金、财务、经营各方面的力量不够强大，无疑对企业财务风险管理缺少关注，这些原因都会影响到企业的生存和发展，甚至因此而导致企业破产。

当巨人集团失败后，创始人史玉柱总结自己的失败教训时强调，自己最大的失误就在于不懂财务，缺乏对财务风险的控制。史玉柱的教训值得中国企业经营者借鉴。在很多企业中，往往都是丈夫是董事长兼总经理，妻子是财务总监兼出纳和会计。在这样的企业管理模式下，财务风险的控制几乎就成为一句空话。即使在较为健全的财务制度下，很多财务信息的真实性和准确性也仍然无法保证。比如，在贷款时，有些企业为了能够申请到贷款，经常提供给银行虚假的财务报表。有些企业在申请银行贷款时，不是企业财务报表本身不规范，就是根本没有财务报表。企业经营者这样做无形中提高了财务风险的发生概率。可以肯定地说，半数以上的中国企业倒闭与经营者缺乏对财务风险的控制而盲目多元化有关。下面我们将用一个真实的案例来分析缺乏财务风险控制的严重性。

① 章振东．试论中小企业财务管理现状、成因及对策［J］．湖南财经高等专科学校学报，2004（1）．

2008年，金融危机席卷全球，作为出口大国的中国也未能幸免。这场金融危机作为一个导火索引燃了中国诸多企业的倒闭潮。

当企业家谈金融危机色变的时候，一个名叫包存林的老板因为资金链断裂而自杀了。这条消息犹如一个重磅炸弹在兴化乃至泰州的街头巷尾炸开了，很多兴化人和泰州人都在谈论着这件事情。

包存林是江苏兴利来特钢有限公司的总经理，是兴化不锈钢行业的领军人物之一。包存林经营的江苏兴利来特钢有限公司实现的年产值曾达到6亿～8亿元。这个亿万富翁在事先没有任何疾病征兆的情况下为何突然自杀呢？

对于包存林的死亡，据知情人士介绍，是因为包存林铺的摊子太大了。这个观点得到戴南镇同样做不锈钢生产的一位企业主的印证。该企业主在接受媒体采访时指出，包存林的负债主要是由2008年兴利来的超速扩张引起的。兴利来是大企业，对原料、生产、销售等各个环节都有涉足。据兴利来的一位不愿透露姓名的员工介绍，除了高速扩张以外，库存过高是导致资金紧张的又一个原因。据介绍，为了融资，包存林先后向各大银行借贷数亿元，还贷成了其沉重的包袱，特别是在金融风暴期间，不锈钢行情总体不景气的情况下，过高的库存成为压垮骆驼的最后一根稻草。

据兰格钢铁的分析师介绍，不锈钢生产中涉及重要的原料镍板。当时，镍板的市场价格在每吨9万元左右，比2007年每吨40多万元的价格已经缩水了大约四分之三。镍板的市场价格一路下滑，并且还有进一步下滑的可能。很多不锈钢生产商就是亏在了这方面。包存林的库存主要是这些原料，价值已经缩水了很多，并且还有大量库存积压。

据业内人士介绍，2008年，不锈钢行业遇到了前所未有的“寒流”，当地已有半数不锈钢经营者选择了停产或半停产的状态，同比2007年当月，产值至少缩水了六成。镍板在2007年的销售价格为每吨42万元左右，2008年却跌到了7万元，不锈钢成品的市场需求和价格同时出现了大幅度的下滑。包存林2007年在高价位时曾购买了大量的镍板，在2008年不锈钢成品销售价格低、销售量小的情况下，势必亏损严重，资金不能及时回笼。

反观本案例，兴利来特钢有限公司2004年实现产值2.2亿元，利税4 000多万元。2005年，为了做大做强兴利来，包存林新征328亩土地扩建，新上了生产线。新项目竣工后，年产值达到6亿～10亿元。正是这个新项目导致包存林感觉“无路可走了”。但也有人认为，按包存林当时的资产还不一定就资不抵债，是他自己的心理压力太大，接受不了一些事实，过不了一些坎。

包存林的案例警示企业创业者，当企业发展到一定规模后，应该采取谨慎型财务预算，从而保证企业的稳健发展。

事实也证明了这个论点。很多中国企业经营者不懂财务和财务风险，他们只知道战略，不知道具体的资金流向，因而在快速扩张时由于资金链断裂而导致企业死亡。这些都是漠视财务风险付出的代价。

第三节 财务风险防范存在四个问题

众所周知，只有看得懂财务分析报表，才能知道企业可支配的资金有多少，特别是企业经营者在制定财务激进战略时需要依据财务分析报表决定是否实施相关策略。因此，对于那些不懂财务的企业经营者而言，为防止他们盲目采取财务激进战略，最好能让他们知道企业资金的具体流向。这就要求建立一个内部管控制度，依据扁平化管理来执行。经过多年研究发现，中国企业的财务风险防范存在如下四个问题：

第一，企业财务风险意识较为淡薄。在很多企业中，旧体制、旧财务制度长期束缚财务人员，财务风险的意识落后，许多企业经营者对财务风险缺乏足够了解，风险防范意识不强，不能从根本上把握风险的本质，认为只要管好用好资金，就不会产生财务风险。由于风险意识淡薄，大部分企业还未建立财务风险预测、预警、防范和控制系统，致使财务风险时有发

生。尚未树立时间价值、风险价值、边际机会成本等科学概念，反映在财务管理目标上，就是未能确立起最优化思想；在财务风险管理中，不权衡资本成本，不考虑资本结构，投资时不测算风险报酬，不分析现金流量。①

第二，缺乏财务风险评价体系。很多企业经营者非会计专业出身，往往将会计与财务职能混为一谈，简单地把财务预测、分析职责划归会计部门，甚至有的企业连会计部门也没有健全的会计核算体系，会计资料不齐全、不规范等问题较为普遍，使得财务风险评价与控制所依赖的财务会计信息不全，无法进行事先的评价与防范。

第三，过于注重销售额的增长。一些企业由于盈利能力弱，更为注重生产与销售，特别是短期收益，自然意识不到财务风险的利弊。一些企业经营者出于成本因素的考虑，不愿意投入资金提高财务风险的预测与控制，无形中加重了企业经营的风险。

第四，财务收支管理失控。很多企业内部审计与控制乏力，甚至缺少必要的内部监控。很多企业的财务风险控制几乎都集中在事后控制上，缺乏事前预算和事中控制。在一些企业中，由于财务信誉较低，无疑催生应收账款膨胀。在应收账款管理中，又过分重视促销的功能，忽视了现金运转的承受能力，严重地困扰着企业的生存与持续发展。

当然，为彻底解决上述四个问题，避免企业经营者盲目采取财务激进战略进行扩张，必须建立一套内部管控制度，谨慎地实施激进的财务预算。

有读者可能会问，作为企业经营者，如何才能避免盲目地实施激进的财务战略？方法有以下几个：

(1) 规范企业的财务管理。要想避免企业经营者盲目实施激进的财务战略，就必须规范财务管理。这的确是摆在企业经营者面前的一个必须跨过去的难关。

众所周知，财务管理规范化对于上市公司或者很多欧美国家的企业而言根本不是问题，但是我国普遍存在着财务管理制度混乱的问题，特别是

① 谢明材．中小企业财务风险成因及防范措施［J］．现代经济信息，2014 (10)．

在浙江、广东、江苏、福建等省。一般地，丈夫往往是董事长兼总经理，妻子是会计总监兼出纳。按照我国的有关法规，会计和出纳是不能由同一个人来兼任的。此外，在一些企业中，甚至可能出现很多职位由同一人来担任的问题。因此，在这样的背景下，财务管理本身的作用并未真正地发挥出来。所以，要想避免企业经营者盲目实施激进的财务战略，实行规范的企业管理就势在必行。

（2）强化以现金流为核心的企业财务管理。不管是采取积极的财务战略，还是稳健的财务战略，都必须保证企业的生存和发展，这才是摆在企业经营者面前的首要任务。

不可否认的是，企业要生存和发展，就必须保证现金流足以维持生产经营所需。在满足企业正常经营的基础之上，如果还有更多充裕的现金流，企业就可以通过加大技术创新和品牌建设的投入或者进行并购重组等手段，实现企业的战略转型和扩张。

当然，要实现这些，必须要求企业经营者具备财务风险管理的意识和能力。事实证明，很多企业经营者由于受个人认识和能力所限，不可能自发地加强财务风险管理。这就造成了很多企业因在盲目投资中现金流不足以支撑扩张而倒闭。

（3）加强企业的财务战略管理。企业经营者应当分析目前市场中的产业状态，结合近年来的经营发展和财务管理情况，理清经营思路，明确企业发展方向，从而加强企业的财务战略管理。

（4）完善内部财务制度，健全财务运行机制。通过成文的制度确保财务管理贯穿企业的各个业务，并健全财务决策、财务控制、财务激励与财务监督机制，有效控制企业的财务风险。

（5）建立企业财务的有效监管制度。在实际经营中，建立企业财务的有效监管制度是避免财务风险的一个重要手段，也是避免企业经营者盲目制定激进的财务战略的有效措施。当然，要想达到这样的预期，就要求企业经营者必须建立企业财务预警机制和财务管理评估制度来进行干预。

第十一章
多元化的潜在危机

在企业危机中，由于企业经营者痴迷多元化而引发的危机不胜枚举。日本著名管理学家大前研一多年前在对中国沿海地区进行考察后坦言："我对中国企业家唯一的担心不是缺乏机会，而是机会太多。"

在大前研一看来，机会太多可能促使企业经营者盲目多元化。在很多企业家论坛上，一些企业家都在谈论如何学习通用电气的多元化，甚至在很多企业经营者的办公室里都有一本关于通用电气前 CEO 杰克·韦尔奇的自传。这些企业经营者对通用电气的多元化战略的重视，足以证明中国企业经营者对多元化的迷恋。

遗憾的是，很多中国企业的多元化经营都面临一个非常棘手的问题——当企业达到一定规模后，企业经营者就会迫不及待、信心十足地进入一个全新的行业，最后往往不仅新的业务没有达到预期的经济效益，而且原来的主业也因不停被"抽血"而奄奄一息，甚至因此破产倒闭。

第一节　多元化成少败多的根源

很多企业达到一定规模之后，企业经营者都会想方设法地向多元化方向发展，特别是某些民营企业，在经历了十几年的发展后，在管理、规模、资金等方面都有了一定的积累，这些企业经营者对多元化就更为积极。

然而，虽然为数众多的企业都已经实施了多元化战略，但是相当一部分企业的多元化战略并未向企业经营者预期的方向靠近，相反，绝大多数企业都宣告失败。由此，业界对多元化的对错一直争论不休。

研究发现，企业多元化发展成少败多的原因有以下几个，见表11－1。

表11－1　企业多元化发展成少败多的原因

1	当企业实施多元化经营战略时，企业经营者就不可避免地要面对产品竞争和市场竞争。特别是新产品在研发、生产工艺、营销方法等方面与以前都不尽相同，这就导致新产品在进入市场时会遭遇开发、开拓、渗透、进入等诸多方面的难题。企业的管理、技术、营销、生产人员必须重新熟悉新的工作领域和新的业务知识，加大了企业失败的概率
2	研究发现，中国企业经营者实施多元化战略成功很少、失败较多的一个主要原因是，在专业知识方面和管理经验上严重不足。一个人的知识结构是非常有限的，企业经营者也是如此。企业经营者也不可能在任何一个行业都游刃有余。众所周知，每一个行业都有其规律性，有些行业看似进入门槛低，实则险象环生。因此，企业经营者在进入新行业时，都必须深知其盈利之道和回避风险的办法，否则，看到的其实只是一些表面现象而已，这样的企业肯定是做不大的
3	由于企业经营者实施多元化战略，无形中增加了企业管理机构，新管理机构的增加必然打破企业原有的管理体系，即打破企业原有的分工、协作、职责、利益平衡机制，这就大大增加了企业在管理、协调方面的难度，在资源重新配置方面也会遭遇诸多问题，甚至很难保证企业原有的竞争优势。企业经营者进入新领域后，一旦决策失误，其失败风险是非常大的，不仅会造成新的经营项目的失败，而且会影响企业的整体经营
4	很多企业在发展过程中其资源都是非常有限的，如果企业经营者实施多元化战略，不得不将有限的资源投入到新行业中去，就非常容易失去原有主导产品、主营业务的竞争优势。每上一个项目，都需要一定的资金，而企业的现状却是根本无力去“四面开花”，于是各个项目都被拖住。一个好端端的企业就这样垮了下去

研究发现，企业的多元化战略离不开中国特殊的历史背景。在20世纪80年代，由于中国从计划经济向市场经济转变，再加上改革开放刚刚起步，中国庞大的市场需求使得那些敢想敢干的企业经营者生产什么产品都不愁销路，这就为企业经营者实施多元化战略打下了基础。

纵观中国企业的发展历程，20世纪80年代的中国具有以下三个重要特点，见表11－2。

表11－2　　20世纪80年代的中国具有的三个特点

1	在20世纪80年代，中国尽管开始了改革开放，但是仍处于短缺经济时代，市场上可供购买的商品不多，几乎物资匮乏。在庞大的购买力下，企业经营者生产什么商品都能销售出去，而且都能获得丰厚的利润
2	在20世纪80年代，中国大多数行业的技术水平和服务水平都普遍较低，商品购买者的要求也不高，很多时候只要求能够买到商品就行，因而企业进入一个新行业比较容易
3	在20世纪80年代，中国的经济基本上是封闭式的，境外实力雄厚的跨国公司生产的产品和先进的技术不能进入中国，这使得中国诸多创业企业非常容易取得成功

从表11－2可以看到，那些敢想敢干的企业经营者正是利用了中国特殊的历史环境条件，实施了多元化战略。

事实证明，这一批企业经营者抓住了市场机会，使得一批企业迅速达到了一定的规模。在当时市场庞大的需求下，企业经营者不是考虑自己熟悉什么行业或者擅长什么行业就做什么行业，而是市场上什么最缺、什么利润最大，就生产和经营什么。

通过这种淘金似的创业，大多数企业在20世纪80年代末完成了资本的原始积累。进入20世纪90年代，中国经济的大环境发生了很大的变化——中国经济由短缺经济时代进入过剩经济时代，从暴利时代进入平均利润时代，国际品牌纷纷抢占中国市场，市场上的空白点消失了，行业竞争日趋激烈，大量产品同质化，企业增长速度减缓。在这种新形势下，这些企业发生了分化，见表11－3。

表 11-3　　20 世纪 90 年代企业的两种战略

1. 减法	一部分企业从当时所从事的多种行业中做减法，即放弃那些竞争对手较强而自己又不具有明显优势的产品和经营项目，使产业逐步收缩，最终集中在一两个市场前景较好、自己在同行中又最具优势的产业上，以此作为支柱产业或唯一产业，从多元化退到专业化
2. 加法	另一部分企业则从当时所从事的多种行业中进一步做加法，它们或者放弃一个行业而加入另一个行业，或者原有行业一样都没放弃，却加进了更多的新行业

可能读者会问，为什么有的企业仍然要继续多元化呢？造成这些企业进一步走多元化之路的原因有以下三个，见表 11-4。

表 11-4　　造成企业进一步走多元化之路的原因

1	在 20 世纪 80 年代那种特殊情况下，经营某几种产品同时获得成功，企业经营者就误以为多元化是企业的成功之道，因此继续沿着这条路往下走
2	某些企业经营者看到别的行业赚钱就见异思迁，恨不得这个世界上的钱都由自己一个人来赚，于是同时进入多个行业
3	在某种特殊的历史背景下，甚至因为某种很偶然的机遇，企业取得一点成就就过分地夸大自己的能量，以为自己无所不能，无往不胜，进入哪个行业都可以获得成功

然而，很多多元化的企业都已经陷入多元化的困境。相反，那些做减法的企业反而获得了高速成长。在成熟的市场经济条件下，多元化由于资源配置不当，结果不仅没有达到预期的目的，相反还会给企业带来诸多问题。既然这样，那么为什么有一些企业家仍然热衷于多元化战略呢？

在这里，我们来看看管理大师彼得·德鲁克是如何看待企业多元化这个问题的。彼得·德鲁克认为："不管纯粹的集中经营多么合适，所有企业都必须彻底思索是否必须采取多元化战略。"

在被称为管理学"圣经"的巨著《管理：任务、责任、实践》中，彼得·德鲁克用了整整一个单元专门论述企业的多元化。彼得·德鲁克说："多元化本身并不是应该被谴责或者推荐的。多元化是高层管理者的一项主要任务，是对企业应该采取什么样的多元化以及采取多少多元化

所进行的决策，以使企业能够发挥它的优势，从它的资源中取得最佳结果。”

从德鲁克的观点中不难看出，企业经营者实施多元化战略，其目的就是为了更好地发挥企业的优势。然而，一旦企业的优势得不到充分发挥，或者企业经营者实施多元化战略并不能给企业带来更好的业绩，企业就将遭遇巨大的危机。

正如彼得·德鲁克所说，不论公司的集中程度有多么理想，公司也要有一定的多元化，否则公司将变得过于专业化。但是，不论公司的多元化多么理想——或者多么不可避免，公司也要有一定程度的集中，否则公司将变得过于分散。公司既需要简单化，也需要复杂化。两者会向两个不同的方向引导企业，但是不允许出现冲突。二者必须结合在一起。通过把多元化融入到一个共同的结合核心中来管理多元化，是高层管理者的任务，不论是小型、中型还是大型企业。正确的多元化，能够使企业绩效与高度集中、单一市场或者单一技术的企业的最佳绩效相媲美；错误的多元化，则使企业产生的绩效就如同单一市场或者单一技术却在错误的行业中高度集中所产生的绩效那样糟糕。而两者的区别就在于成功实施多元化的企业其各项业务之间都有一个共同的结合核心。

从德鲁克的观点中不难看出，企业经营者成功进行多元化经营的关键在于企业在运用多元化战略时，一定要与其自身的核心竞争力结合起来制定战略，这样才能使企业立于不败之地。

然而，许多企业经营者在决定走多元化发展道路时，房地产、金融证券、生物保健品、酿酒、IT，什么都想做一做。但最后他们发现，由于自己专业知识匮乏以及其他方面的一些原因，结局大都是“各线告急”，弄得一塌糊涂。中国企业经营者之所以有多元化的想法，其主要原因就是：“这山望着那山高。”企业的经营完全变成了“游击战”，打一枪换一个地方。东挖一个坑，西挖一个坑，最后，“四面出击”的结果就是“四面楚歌”，企业也就在这种游击战中渐渐地消灭了自己。

第二节　只要多元化就能成功的错误逻辑

在 20 世纪 90 年代的中国，多元化成为诸多企业经营者绕不过的话题。在这个机会多如牛毛的时代，似乎只要多元化就能成功。

不可否认的是，跑马圈地的结果是越来越多的企业经营者陷入了被动之中。在这场轰轰烈烈的多元化实践运动之中，史玉柱就是其中一个受害者。

为此，史玉柱曾公开反对多元化说："但凡是鼓吹自己多元化的，3 年就会遭遇经营困难，不过 5 年就会完蛋。企业面临的最大问题，不在于你有没有发现机会的能力，而在于你能不能抗拒各种机会的诱惑。"

史玉柱反对多元化的理由很简单，那就是他自己在多元化过程中栽过大跟头。我们从 20 世纪 90 年代开始说起。1994 年 8 月，在国外软件大举进军中国，抢走了汉卡的市场份额，侵占了巨人集团其他软件产品的生存空间之后，急于从 IT 困境中突围的史玉柱把目光转向了保健品，斥资 1.2 亿元开发全新产品——脑黄金。①

资料显示，在 1994 年 10 月至 1995 年 2 月这短短几个月的时间里，在供货不足的情况下，脑黄金的销售回款竟然突破 1.8 亿元。

此刻，史玉柱看到了"暴力营销"的巨大作用。在 1995 年 5 月 18 日，巨人集团更是将"暴力营销"做到了极致，同时在中国上百家报纸刊发整版广告。

当脑黄金取得开门红之后，巨人集团还推出了保健品、电脑软件和药品三大系列 30 个新品。在 30 个新品中，自然又以保健品为主，总共推出 12 个品种，包括有减肥、健脑、醒目、强肾、开胃等功效的药品。

广告发挥了巨大的作用。竟然在短短 15 天之内，经销商的订货量就突破了 15 亿元。在当时的三株、太阳神等保健品还在对农村做刷墙体广告的

---

① 百度百科．史玉柱［EB/OL］．2014．http://baike.baidu.com/view/16308.htm.

时候，“既有贼心又有贼胆”的史玉柱采用铺天盖地、无孔不入、狂轰滥炸式的广告策略加之渠道建设和严格管理，让一款全新的保健品在10多亿中国人中间家喻户晓。当年，史玉柱和他的脑黄金一起，成为了妇孺皆知的明星。① 不到半年，巨人集团的子公司就从38家发展到了228家。②

在取得阶段性成果之后，1996年年初，史玉柱发起了“巨不肥会战”，以“请人民作证”的口号再次在全国掀起了保健品热销的狂潮。

此刻史玉柱跟其他多元化的企业经营者一样，必然面临扩张后的管理不善等问题。资料显示，史玉柱的盲目扩张不仅导致脑黄金保健品管理不善，同时还导致脑黄金市场迅速萎缩。

史玉柱这样疯狂地实施多元化战略，遭遇惨败只是早晚的问题。史玉柱失败后，就曾经这样介绍当时的疯狂劲头：“那时候，头脑发热，做过十几个行业，全失败了，包括脑黄金、巨能钙、治心脏病的药以及我们的老本行——计算机软件、硬件。当时传销还不算违法，还成立了一个传销部开始研究传销。（传销）队伍刚培养好，国家（开始）说传销违法了，最后那批人就解散了。当时甚至还成立了一个服装部门。”

在1997年之前，在史玉柱盲目多元化的过程中，步步高电子公司的创始人段永平就曾经给过史玉柱不要盲目多元化的忠告：“做企业就好像高台跳水，动作越少越安全。”

然而，由于史玉柱少年得志，因脑黄金而名噪一时，再加上史玉柱正处在多元化的冒进之中，自然也就没有过多地琢磨段永平的告诫。

在中国，做多元化成功的企业没有几家，做多元化失败的企业倒是不胜枚举。以前各行业竞争不激烈，虽然你什么也不懂，但只要你进去别人没进去，你就很容易赚到钱。现在竞争激烈了，专业化是非常必要的。专业化不仅对中国企业适用，全球行业的发展趋势肯定也是走专业化道路。

---

① 百度百科. 史玉柱［EB/OL］. 2014. http://baike.baidu.com/view/16308.htm.

② 杨连柱. 史玉柱如是说［M］. 北京：中国经济出版社，2008.

在遭遇失败之后，史玉柱明白了段永平当初的忠告：“在中国，多元化的企业除了复星之外，成功的没有几个。中国企业家10年前的最大挑战在于占据机遇、把握机遇。随着这10年来经济法制的进一步规范，各行业进入了白热化的竞争，所以现在企业家的最大挑战在于是否能够拒绝诱惑。”

史玉柱曾经的失败在很大程度上都是“多元化”惹的祸。对于当时违背经济规律的做法，史玉柱认为是所谓的“多元化经验”。

史玉柱回忆说：“比如巨人汉卡，（当时）巨人汉卡确实做得不错，质量很好，销售额也很大，利润也很可观，在同行业里已经算是佼佼者了。但是很快我们就以为自己做什么都行，所以我们就去盖了房子，做了药，又做了保健品。保健品脑黄金还是成功的，但是脑黄金一成功，我们一下子做了12种保健品。然后软件又做了很多，又做了服装。”

在20世纪90年代的中国，倒下的不仅仅是史玉柱所创建的巨人集团。同一时期倒下的还有另外一个保健品企业——太阳神。

在1987年年底，“黄江保健品厂”在广东东莞黄江镇正式挂牌营业，这就是太阳神的前身。

谈到太阳神，就不得不提怀汉新。在20世纪80年代末期的广东省，在一片淘金热中，怀汉新就是这样一个时代的弄潮儿。

在1988年年初，在全民经商的号召下，果敢的怀汉新毅然辞去公职下海了。下海经商的怀汉新拥有“生物健”口服液技术，可谓信心满满。

在怀汉新看来，“生物健”口服液技术是有着巨大的市场潜力的，于是就大胆地投入“生物健”技术了。在1988年8月，“太阳神”正式宣布全面启用整套CIS（企业形象识别系统）设计用于营销推广，将“黄江保健品厂”的厂名、商品名和商标统一变更为“太阳神”。“太阳神”迅速崛起，红遍大江南北，名震白山黑水。当年实现销售收入750万元，比预期整整高出10倍以上；到1990年，“太阳神”的

销售额达到了2.4亿元的高位；到1992年，“太阳神”成为了资产总值高达7亿元的企业集团。自此无人能否认“太阳神”在中国保健饮料行业的“江湖老大”地位，其市场份额最高的时候曾经达到63%，这绝对是一个前无古人后无来者的纪录。①

起初，“太阳神”的企业发展战略一直是“以纵向发展为主，以横向发展为辅”，即以保健品发展为主，以多元化发展为辅。但从1993年开始，太阳神向多元化大举进军，一改纵向发展与横向发展齐头并进的战略，一年内上马了包括石油、房地产、化妆品、电脑、酒店等在内的20多个项目，在新疆、云南、广东和山东相继组建成立了新公司，进行大规模的收购和投资。②

在1992—1993年这短短的两年时间里，“太阳神”把大部分销售收入转移到了这20多个项目中，资金高达3.4亿元。尽管注资3.4亿元，但是这些项目却没有一个成为新的“太阳神”，巨额投资就这样血本无归了。

资料显示，1987年，制药工程师出身的怀汉新凭着自己研发的“生物健”口服液技术和5万元的微薄资金开始了“太阳神”的光芒四射之旅，当时肯定无人能想到“太阳”就会在东莞黄江镇这一地图上根本找不到的偏僻之地冉冉升起。③

在“太阳神”完成早期积累步入持续发展时，“太阳神”的管理层一致认为，什么领域利润高就应进入什么领域，最终使“太阳神”落入了多元化扩张的陷阱。到1997年，“太阳神”已经全年亏损1.59亿元。

从“太阳神”的快速崛起和其所面临的危机来看，“太阳神”是由于以怀汉新为首的管理层没能抵住诱惑，进行多元化扩张而迅速倒塌的。

---

① 百度百科. 怀汉新［EB/OL］. 2014. http://baike.baidu.com/view/1262086.htm.

② MBA智库文档. 论企业多元化战略［EB/OL］. 2014. http://doc.mbalib.com/view/3072d536f238a2a261528a87d12255ca.html.

③ 百度百科. 怀汉新［EB/OL］. 2014. http://baike.baidu.com/view/1262086.htm.

不管是珠海巨人的多元化失败，还是“太阳神”的多元化失败，以及自 20 世纪 90 年代以来一些进行过多元化扩张的企业的最终失败，都在警示着企业经营者，那就是在经营过程中，一旦盲目实施多元化扩张，必然遭遇巨大危机，甚至是惨遭失败。

在一些场合下，史玉柱告诫企业经营者说：“中国民营企业面临的最大的挑战不是发现机会的能力，而是领导者的知识面、团队的精力、企业的财力问题。现在各领域的竞争都是白热化的，企业只有集中精力，形成核心竞争力才能立足，否则就会一夜间完蛋。”

为了让投资决策更加理性，在企业进行项目投资时，史玉柱把企业“国王”的位置一分为三：（1）所有者；（2）经营者；（3）决策者。

这就是说，史玉柱在投资项目时，必须经过领导层讨论通过之后才能生效。在上海健特，总裁是珠海巨人集团的常务副总裁，其他四位副总裁也都是原珠海巨人集团的副总裁，公司高级管理者有 2/3 是原珠海巨人集团的。史玉柱担任的只是决策顾问一职。尽管员工们私底下还叫他“老板”，然而，作为“决策顾问”的他却并未享受老板的绝对权威。在新公司体系内部，设立了七个人的决策委员会来投票决定提名的项目。决策委员激烈争论，最后由办公会议做出决定。

那么，在公司建立一个决策委员会是否会影响决策的效率呢？答案是肯定的。史玉柱说：“速度肯定要受到影响，但对现在的中国民营企业家来说，最大的挑战不在于他能不能发现机遇和把握机遇，而是他能不能抵挡住诱惑，这跟 10 年前的环境不一样了，但很多人还没有弄明白。中国现在的机会太多了，不用去找机会，机会就会找上门。”

史玉柱还坦言：“最近几年出问题的企业家都有一个共同的特点，就是没能经得起诱惑，战线拉得太长，最终才导致问题的出现。而且摊子铺得过大，手中的现金就不足以支撑这些项目，他肯定会做一些非常规的事情，而在中国的法律体系下，非常规的事情常常就是非法的事情。”

而今的史玉柱在经历盲目多元化的失败之后根据自己的教训，提醒企业经营者不要盲目多元化，因为盲目多元化的结局只能是失败。

当然，正是史玉柱所建的决策委员会机制，数年来一直在给史玉柱发热的头脑泼冷水。在吴征退出新浪的时候，有人问史玉柱买不买新浪，新浪给出的价格十分吸引人。虽然事实证明，若当时出手，他就会净赚数十亿元，然而，决策委员会觉得风险过大而没有同意购买，最后他选择了放弃。当然，史玉柱也不怄气，因为决策委员会的许多决策也为他挡住了不少风险。

第三节　稳健的财务战略是根治多元化潜在危机的良药

市场犹如一个充满激烈竞争的原始丛林，而初创企业就像羚羊般弱小，面对狮子、老虎般强壮的大企业，要想谋求生存空间，答案就是“适者生存”。在“适者生存”的策略中，专注成为了初创企业得以生存和发展的一个重要推动力。

多元化扩张还是专业化突破？这是横亘在很多企业面前，特别是做到一定规模后的初创企业不得不面临的一个最为头痛、最具争议的问题。

从这个争议中不难看出，多元化的成功概率本身就比较低。通过对412家样本企业进行分析，结论是，从收益率来说，专业化的经营方式远优于多元化的经营方式。而且并不是所有的企业都可以复制通用电气的多元化辉煌。在中国企业的多元化道路上倒下了太多的企业巨头。

从联想FM365网站的倒闭到奥克斯汽车停产、德隆系垮台，甚至有学者断言：“包括海尔在内，中国现在还没有一家企业搞多元化是成功的。”

对此，史玉柱在多个场合下告诫诸多企业经营者，只有专注化才能减少失败的概率。因为失败的企业都有一个共同的特点，就是没能抵挡住诱惑，战线拉得过长，以致最后出了问题。

事实证明，对于任何一个企业经营者而言，要想把初创企业顺利地做强做大，在进行项目投资时，就必须充分地保持自己理性的投资意识，在看似机会的诱惑中能够摈弃自己的诸多贪念，做到在进行项目投资时绝对

不盲目冒进。

在面对新的机遇时，特别是在认准了某个潜力巨大的项目后，企业经营者必须冷静面对，客观地评估其风险，一定要经得起外部诸多机会的诱惑，绝对不能见到什么项目好就投资什么项目。

针对这个困扰企业经营者的问题，史玉柱用了七个字来概括——“聚焦聚焦再聚焦”。众所周知，史玉柱因为盲目多元化而失败了。在 20 世纪 90 年代，在这块到处充满机会的华夏大地上，史玉柱也在改革开放的春风中捕捉到了诸多商业机会，此刻的巨人汉卡也是一路畅通无阻，销售记录屡屡刷新纪录。

春风得意的史玉柱在充满陷阱的机会里忘记了风险。巨人“大跃进式”的发展更加使得史玉柱认为“人有多大胆，地有多大产”。

此刻的史玉柱已经开始头脑发热，巨人已经开始跑马圈地。在这场轰轰烈烈的多元化“大跃进”中，史玉柱开始进入服装、保健品、地产等十几个行业。

然而，令史玉柱没有想到的是，曾经高调修建的巨人大厦竟然成为了巨人多元化失败的导火索。

为了修建巨人大厦，巨人集团不得不从其他业务中截流资金来填补这个超出预算的项目。毕竟巨人大厦需要太多的现金流，结果使得巨人集团现金流断裂，巨人集团就被巨人大厦拖垮了，负债约 2 亿元。

失败后的史玉柱不得不总结自己此次的失败。据说失败后的史玉柱还曾找到三株的创始人吴炳新请教自己失败的根源。史玉柱得到的指点是，集中全部精力做一款产品，成功后再做第二款。之后的史玉柱在事业中始终坚持着这一策略，绝不冒进。在做脑白金的时候，就只做脑白金，脑白金成功后，再做黄金搭档，黄金搭档成功后再做《征途》，《征途》也成功了，现在又集中精力做《巨人》。①

---

① 我们从史玉柱身上学到什么［EB/OL］. 2014. http://news. qq. com/a/20071122/001822. htm.

史玉柱在多元化失败之后变得很胆小，他为自己定下了三条铁律，其中一条就是绝不盲目冒进，草率进行多元化经营。现在他的事业聚焦在网游上，他也以“下半辈子只干网游”的决心再次履行着他的聚焦战略。①

克服非理性的贪欲，切忌冒进，史玉柱以自己失败与成功的双重经验给其他企业家做出了榜样。史玉柱的绝不盲目冒进，草率进行多元化经营的铁律，以及“聚焦聚焦再聚焦”的七字秘诀，也是其他企业家需要学习的地方。②

在此，需要提醒企业经营者的是，在企业经营的过程中，达到一定规模后，制定决策必须谨慎行事，凡事要按部就班。发展得太快不是好事，应待企业健康时才慢慢发展，一旦追求“速度”成为一个企业经营者的惯性思维，这个企业的很多其他环节就会出现重大的缺陷。

对于任何一个企业经营者来说，企业的发展都要经过一定的发展阶段，最典型的企业一般要经过初创期、扩张期、稳定期和衰退期四个阶段。不同的发展阶段应该有不同的财务战略与之相适应。企业应当分析所处的发展阶段，采取相应的财务战略，见表 11-5。

表 11-5　　企业四个阶段的财务战略

1. 初创期	在初创期，企业经营需要的现金非常多，一般需要大规模举债才能满足企业日常的经营。而大规模举债必然存在着很大的财务风险
2. 扩张期	在扩张期，尽管企业经营需要的现金也很多，但是是以较低幅度增长的，其风险仍然很高。因此，在初创期和扩张期，企业应采取扩张型财务战略
3. 稳定期	在稳定期，企业经营需要的现金有所减少，一些企业可能有现金结余，风险降低，在稳定期企业一般应采取稳健型财务战略
4. 衰退期	在衰退期，企业经营需要的现金持续减少，最后经受亏损，风险降低，在衰退期企业应采取防御收缩型财务战略

①② 我们从史玉柱身上学到什么［EB/OL］. 2014. http://news.qq.com/a/20071122/001822.htm.

第十二章
企业家婚变的潜在危机

在企业的诸多危机中，企业家婚变就是其中一个。2013年，王石的婚变成为当时最为轰动的企业家婚变事件。改革开放以来，王石的离婚只是企业家婚变中的冰山一角，企业家离婚事件的危机快门被屡屡放大，引发了较为严重的危机事件。

不可否认的是，企业家婚变引发了网络舆论对企业家婚姻问题的高度关注。其实，对于任何一个企业家而言，婚姻本是“家务事”而已，但是，由于企业家的婚姻涉及巨额财富、企业发展等诸多问题，这就使得企业家的婚变往往被舆论无限制地放大了。

第一节　企业家婚变绝不容小觑

由于很多企业经营者缺乏危机管理意识，几乎没有人正视危机的存在，甚至没有人真正理解危机的含义。正是由于企业危机管理能力的薄弱，甚至大部分企业内部根本就不存在危机管理预案，当危机事件发生时，八成以上的企业经营者不知道该如何正确地应对媒体集体讨伐的危

机，加速了危机事件的大规模爆发。在肆意蔓延的危机中，企业为之付出的代价相当惨重。

在企业经营中，危机无处不在。被很多人认为是家务事的离婚事件也足以引爆企业危机，甚至可能让危机继续发酵，成为一场大规模的、不可控制的危机。

企业家的婚变，如赶集网创始人杨浩然、真功夫创始人蔡达标、土豆网前 CEO 王微、日照钢铁董事长杜双华等人的婚变必然会引发财产纠纷、股权争夺，这样的不确定性事件无疑给企业发展增加了新的风险。企业家婚变何以能影响到整个企业的发展？这种婚变引发的经营风险又该如何规避？舆论在感叹企业家离婚“伤不起”之余，也对其中反映出的企业深层次管理问题进行了反思。① 究其原因，企业家并非普通百姓，他们的婚变必然会引发利益相关者的财产之争，最终成为引发危机事件的导火索。接下来我们分析一个真实的案例。

中国现代著名作家林语堂在《吾国与吾民》一书中这样写道：“中国向有‘天上九头鸟，地下湖北佬’之说，盖湖北人精明强悍，颇有胡椒之辣，犹不够刺激，尚须爆之以油，然后煞瘾之概，故譬之于神秘之九头鸟。”

林语堂的这段话非常恰当地概括了湖北人的性格特点，可谓十分形象。湖北人往往又以“九头鸟”自喻。

可能读者会好奇地问，何谓“九头鸟”？所谓“九头鸟”，又称九凤。因古汉语中“九”和“鬼”同音也称鬼车、鬼鸟。九头鸟是身有九首的凤，是战国时代楚国先祖所崇拜的神鸟。九头鸟有九个头，色赤，像鸭子，人头鸟身。②

位于北京的“九头鸟酒家”即取意于此。20 世纪 90 年代，北京

---

① 企业家婚变：民企经营新风险［EB/OL］. 2014. http://finance.ifeng.com/news/industry/20110920/4630338.shtml.

② 百度百科. 九头鸟［EB/OL］. 2014. http://baike.baidu.com/view/29484.htm.

九头鸟酒家（以下简称“九头鸟”）以差异化经营开拓了一个巨大的餐饮蓝海，竟然凭借一己之力让非“八大菜系”的湖北菜在北京市场上抢占了属于自己的一席之地。

谈起“九头鸟”，其前身只不过是一个非常简陋的早点摊子。1987年，九头鸟的创始人周铁马、芦细娥夫妇由于修建新房而欠下了一大笔外债。为了能早日还清这笔外债，芦细娥就用借来的200元钱在自家门口摆了一个早点摊。

跟很多中国妇女一样，芦细娥不仅很能吃苦，还勤劳肯干，服务态度又非常好，再加上芦细娥售卖的早点物美价廉，食客也因此络绎不绝。尽管是一个早点摊，芦细娥却经营得有声有色。这让初出茅庐的芦细娥大受鼓舞。于是芦细娥把露天摆放一张桌子、一个煤球灶的早点摊扩大为一间租来的能放五六张桌子的小炒店。芦细娥还把小炒店取名为“登峰酒家”。

为了吸引更多的食客，芦细娥有针对性地把家常的湖北菜几经改良，做成了“登峰酒家”独具特色的招牌菜品。

这几个招牌菜品不仅味道鲜美，价格也很公道，目标顾客的定位就是工薪阶层，再加上芦细娥非常注重服务和就餐环境，“登峰酒家”的生意非常火爆。

没开多久，只有五六张桌子的小炒店就已经无法满足顾客的需要。经过几年的发展，小有成就的芦细娥和周铁马为了扩大饭馆的规模，1993年又在武汉增开了两家“登峰酒家”。

1994年，芦细娥已经不满足武汉市场。她委派长女周红到北京考察餐饮市场。尽管周红学的是服装设计专业，但是早在1992年就辞去工作，开始参与“登峰酒家”的经营管理。

在周红看来，餐饮企业要想顺利地扩大规模，有较大的发展，就必须实施连锁经营战略。周红在对北京餐饮市场做过一番调查之后发现，北京存在着一个巨大的餐饮市场。

1994年8月，周铁马、芦细娥一家人齐聚北京，他们把开发北京

餐饮市场作为企业发展的重点方向。经过一番筹划，他们决定把餐馆的名字起名为“九头鸟”。1995 年 3 月，在北京友谊宾馆对面，第一家“九头鸟”饭店正式开张营业。

与武汉的“登峰酒家”一样，“九头鸟”仍然延续了“顾客就是太阳”的餐饮企业经营理念，同时还提出了“100－1＝0”的服务标准，即在服务客户的过程中，哪怕做了 100 件事，一旦有 1 件事做得不到位，那么整个服务工作就等于 0。

正是在这种对服务近乎苛求的经营管理下，“九头鸟”初战告捷，不仅得到了消费者的认可，同时还树立了一个良好的口碑。可以说，在竞争激烈的北京城，“九头鸟”站稳了脚跟。1998 年 1 月，第二家“九头鸟”分店又在北京航天桥附近开业了。

当“九头鸟”在北京的餐饮市场发展得顺风顺水时，周铁马和芦细娥夫妻之间的感情却出现了危机，甚至到了周铁马和芦细娥夫妻两人都要坚持离婚的程度。原因是，周铁马和另外一个女人好上了。

面对父亲周铁马对婚姻的不忠，作为长女的周红无疑站在弱者母亲芦细娥这边。就这样，周铁马一家人的家庭和谐也就不复存在。

此刻，“九头鸟”内部就形成了两大阵营：阵营一是周铁马；阵营二是芦细娥、周红母女。

1995 年 10 月，芦细娥、周红母女将周红变更为“北京市九头鸟酒家”的法人代表。

1997 年 5 月，以“北京市九头鸟酒家”为注册人，“九头鸟”商标被国家商标局核准注册。

1998 年 5 月，为了赢得“九头鸟”利益之争，周铁马将“北京市九头鸟酒家”的法人代表变更成周铁马，这就使得本就风雨飘摇的周铁马一家再起波澜。

曾经的“北京市九头鸟酒家”的法人代表周红从他人口中得知，“北京市九头鸟酒家”的法人代表由自己变成了父亲周铁马。“北京市九头鸟酒家”的法人代表的变更居然在周红完全不知情的情况下完成。

周红经过调查发现，原来是父亲周铁马伪造自己的签名，模仿了自己的笔迹，在工商局办理了“北京市九头鸟酒家”的法人代表变更手续。

针对周铁马伪造自己的签名，完成“北京市九头鸟酒家”的变更，周红向北京市海淀区工商局提出了申诉。

经过北京市海淀区工商局的调解，周铁马和芦细娥、周红母女双方决定“分家”。1998 年 5 月 21 日，周铁马、芦细娥和周红三人正式签订了财产分割协议，对家庭和企业财产进行了分割。“北京市九头鸟酒家”企业总资产为 1 000 万元，“九头鸟”商标被评估为 200 万元。根据财产分割协议，周铁马、芦细娥、周红各分得“北京市九头鸟酒家”总资产的 30%，剩余的 10%分给了周红的妹妹。根据财产分割协议，周铁马获得 3 家九头鸟分店，即周铁马分到了武汉华师店、北京友谊店和燕莎店，同时，芦细娥和周红认可了周铁马对“北京市九头鸟酒家”法人代表的变更，即周铁马是“北京市九头鸟酒家”的法人代表。根据财产分割协议，芦细娥、周红母女获得了“北京市九头鸟酒家”其他分店以及“九头鸟”商标的所有权。

1998 年 11 月，周红在工商局注册了“北京市九头鸟航天桥酒家”，法人代表是周红。根据协议，周红开始办理“九头鸟”商标转让手续。1994 年 4 月，商标局核准“九头鸟”注册商标的专用权由“北京市九头鸟酒家”转让给“北京市九头鸟航天桥酒家”。至此，从法律意义上，周铁马就失去了“九头鸟”商标的使用权。

让周铁马没有想到的是，自己经营着的三家九头鸟分店的生意越来越火。周铁马这才发现“九头鸟”这个品牌的商业价值以及在京城的巨大影响力。1999 年，周铁马违背财产分割协议相继增开了三家“九头鸟”分店。

周红对父亲周铁马违背财产分割协议继续开店的行为也没有追究。在周红看来，周铁马毕竟是自己的父亲，发展的也是“九头鸟”的品牌。

两年后，周红改变了这样的想法。2001年10月，“九头鸟”商标使用权持有者周红发现父亲周铁马居然长期与情人芦某同居，并且还有了一个三岁多的孩子。

这让周红开始反击父亲周铁马违反财产分割协议的行为。2002年元旦，对准备增开新店的周铁马来说无疑是忙碌的。在“九头鸟”双安店即将开业之时，却遭到“九头鸟”商标使用权持有者周红的举报。周红向海淀区工商局举报称，“九头鸟”双安店侵权。

2002年1月16日早晨，工商局管理人员来到“九头鸟”双安店，强行拆除了有关“九头鸟”的一切标志。

几天之后，周铁马原有的三家“九头鸟”分店也被工商局勒令取消有关“九头鸟”的一切标志、广告。

面对长女周红的反击，周铁马把4家分店全部改成了“九头鹰”酒家，但是“九头鹰”使用的户外广告、装饰、装修、菜谱、菜肴、火柴盒、纸巾袋等和“九头鸟”极为相似。

为了打击父亲周铁马的侵权行为，周红认为，“九头鹰”的不正当竞争足以导致消费者产生对“九头鸟”的误解。

“九头鸟”认定“九头鹰”存在不正当竞争行为，周红与父亲周铁马对簿公堂，索赔100万元侵权费。

经过一段时间的诉讼，北京市第二中级人民法院做出一审判决：被告“九头鹰”侵权事实成立，并赔偿原告经济损失25万元。

芦细娥、周红母女尽管打赢了官司，但是此刻却心灰意冷，不愿再留在北京这个曾经让她们满怀希望，却又令她们伤心的地方。随后芦细娥、周红母女变卖了“九头鸟”的大部分资产，移民去了加拿大。

“九头鸟”的故事就这样落幕了。和许多企业经营者一样，周红渴望明晰产权、减少企业内部的矛盾；渴望“九头鸟”冲破阻力、吸引更多人才；渴望“九头鸟”越飞越高。然而现实却是“九头鸟”不得不为捍卫商

标而背水一战，不得不面对亲人反目以及由此带来的市场火拼。理想与现实的差距原不是对与错的区别，但“九头鸟”的困惑与艰难却是许多渴望发展的家族企业共同面临的问题。①

在上述案例中，无论是家庭妇女芦细娥，还是接班人周红，对“九头鸟”这个品牌的塑造都做出了非常卓越的贡献。

然而，尽管“九头鸟”享誉京城，但是这一切却因周铁马的婚变危机而戛然而止。可以说，作为丈夫、父亲、创始人之一的周铁马，摧毁的不仅是一个家，还有一个餐饮王国的梦想。

的确，婚姻危机不同于其他企业危机，尤其因其特殊的处理规律，若对这类危机做出了错误处理，不但会导致自己名誉受损，也会把企业卷入危机风暴当中。② 在上述案例中，原本高速发展的“九头鸟”餐饮企业，就是因为周铁马的婚变，引发了一场商标控制权之争，结果既伤害了亲情，也让“九头鸟”因此而分崩离析。这样的教训值得企业经营者反思。

第二节　规避企业家婚变带来的风险隐患

一些企业家婚变会导致对企业进行财产分割。这已经成为不少企业发展和融资上市的拦路虎。在中国，较为典型的例子如赶集网创始人杨浩然、真功夫创始人蔡达标和土豆网创始人王微的婚变。

赶集网创始人杨浩然与前妻王宏艳的离婚官司持续多年，致使公司上市遥遥无期；真功夫创始人蔡达标被前妻潘敏峰要求分割真功夫的一半股权，直接导致企业上市计划推迟；土豆网在提交 IPO 申请 9 个月后才得以登陆纳斯达克，上市之路的波折缘于公司创始人兼 CEO 王微被前妻杨蕾要求分割股权。③

① 郭珍．“九头鸟”家族兵变内幕［J］．当代经理人，2002（4）．

② 迟忠波．婚变中企业家的危机管理［J］．中外管理，2014（11）．

③ 企业家婚变：民企经营新风险［EB/OL］．2014．http://finance.ifeng.com/news/industry/20110920/4630338.shtml.

在三家企业中，如果要融资上市，或者要更好地发展，就必须与前妻协商，这个问题一旦得不到解决，别说是上市融资将化为泡影，甚至以后的经营都将危机重重。

其实，企业经营者的婚变除了给企业的生存和发展带来诸多风险以外，同时还凸显了创始人对企业深层次管理的问题反思不够。对于企业家婚变的家务事何以能影响到整个企业的发展，许多媒体认为其中凸显了企业风险管理之殇。①

夫妻本是同林鸟，“富贵”临头各自飞。中国资本市场正不断上演着富豪们的“爱恨情仇”。看起来，海尔张瑞敏当年的一句“没有几个企业家的婚姻家庭是圆满幸福的”正不断地得到验证。抛开道德问题不谈，富豪们的婚变引导了何种价值取向？对企业经营有哪些启示？诸多问题引发了媒体的关注。

当近几年企业家婚变的事件频频被媒体报道之后，企业家的婚变问题被彻底暴晒在阳光之下。《深圳商报》就发表评论说：“由情而生的家庭恩怨为何扩大衍变成为经济事件，这或许正是中国企业治理结构走向成熟的必经阶段。问题的症结不是大企业容不下夫妻，而是大企业容不下老板之间讲夫妻感情。夫妻关系的职业化是小作坊向大企业转变过程中必须过的一道坎。”

知名风险管理专家陈晓峰在接受《华夏时报》的采访时指出，真功夫创始人蔡达标的离婚纠纷案件是家族企业公司治理败局的经典教材。

陈晓峰认为，依据家族的血亲和姻亲建立起的内部权威在很大程度上维系着家族企业的公司治理。一旦婚姻发生变局，则近乎是“牵一发而动全身”，所有公司治理的元素都会因此发生混乱。②

经济学博士马光远在接受央广经济之声的采访时也持类似观点：“婚变本身导致上市计划的推迟，事实上是企业在向公众公司转变的过程中，

①② 企业家婚变：民企经营新风险［EB/OL］. 2014. http://finance.ifeng.com/news/industry/20110920/4630338.shtml.

没有很好地处理管理权限的问题。现在很多家族企业并没有处理好婚姻问题，而且在处理婚姻后续事件中也缺乏一些智慧。决定上市肯定要想到很多风险，所以这跟他们最终的股改过程，跟他们对问题本身的不重视有很大关系。事实上，很多家族企业要想上市，都要考虑到未来的婚变问题，一旦婚变，无论是企业控制权、管理权，还是股权结构，都会受到困扰，这个困扰本身应作为常规风险，在交易中逐步体现。”

不管是《深圳商报》、陈晓峰，还是马光远，都在指出企业经营者婚变给企业带来诸多的不确定风险。

面对这个如何避免可能发生的婚姻变局给企业带来消极影响的新课题，一些观点认为，通过“财产约定”的方式来保证企业的做法相对比较理智。

在《每日经济新闻》的报道中，多数法律界人士站在专业的角度建议企业经营者。他们认为，减少企业经营者离婚对企业的负面影响的最好办法是未雨绸缪，即在结婚时签订婚前财产协议。

同时，也有媒体引用上海沪家律师事务所的一份报告指出，“创业者要注重对各自的婚前财产进行明确约定，在界定婚前财产后要进行必要的公证或约定，明确婚前财产的范围。特别是在风险投资进入公司时或者上市前，股东与配偶、公司其他股东等签署相关协议，以保障公司及相关利益主体的权益，规避因为企业家婚变带来的风险隐患。”

尽管这些方式能够为企业经营者的婚变减少一些负面影响，但是我还是倾向于认为，不管企业做到多大规模，婚变的事情还是要慎重，毕竟在创业之初，谁也没有想到创业一定能成为亿万富豪。

因此，我在这里告诫那些企业经营者，在创业过程中，因为夫妻间“你浇地来我耕田”式的积累，才有今天企业的规模，因此我依然希望企业经营者能珍惜这一部分弥足珍贵的回忆。

第三部分 突破危机管理这道“坎”

为了有效地应对危机，一些企业经营者不得不开始思考如何预防和解决危机，尤其是针对突发性危机，不少企业经营者费尽心思地摸索跨国公司的操作方式，并花大量精力编写企业应急大纲。这样的积极行为是可取的。然而，由于一些企业经营者缺乏危机意识，一些中国企业在市场竞争中逐渐深刻体会到各种危机带来的后果，例如双汇的瘦肉精危机事件。据媒体报道，双汇当年支付给中央电视台的广告费竟然高达2亿元。这样一个广告大户却被中央电视台“3·15”晚会曝光，这到底是为什么呢?

主要原因有两个：第一，双汇危机管理的意识不强。当有毒原料已经进入生产链后竟然毫不知情，足以说明其漠视对危机事件的预防。第二，双汇与媒体的沟通不够充分。按照一般危机事件的操作流程，企业向某媒体支付了巨额广告费，媒体在曝光前必然会照会企业危机问题的所在。如果企业及时沟通，就会对接下来发生的事有充足的准备。所以，没有与媒体做好充分沟通是双汇管理层的另一个失职之处。①

相比肯德基应对苏丹红危机事件，双汇应对危机的方法显得过于稚嫩。虽然两家企业都在运用切割法，但肯德基一个月的时间内就把危机效应消除，双汇则造成了巨大损失，还引起了全国范围的购买慌，可见中国企业在危机管理方面的短板非常明显。因此，要想有效地应对危机，必须突破危机管理这道“坎”，这已经不是中国企业经营者愿不愿意的选择问题，而是如何应对的一种现实问题。

---

① 展知. 危机管理，中国政商的软肋 [J]. 世界经理人，2011 (12).

第十三章 树立较强的危机意识

中国古代的危机意识较强，使得中华文明引领世界数千年。在《周易·系辞下》中就谈到：“君子安而不忘危，存而不忘亡，治而不忘乱，是以身安而国家可保也。”

这句话的大意是，一个君主在国家安定时不要忘记可能出现的动荡，在兴盛时不要忘记国家可能会灭亡，在国家大治时不要忘记可能出现的祸乱，只有忧患意识才能保证国家的安全和发展。

尽管这样的忧患意识是治国安邦之策，但对于当下企业的危机管理同样适用。究其原因，是因为任何一个企业自创建之日开始，就不可避免地进入一个不断与危机做斗争的过程，只有那些能警觉、能遇见、能克服、能战胜危机的企业，才可能发展壮大，否则，就必然在无情的竞争中被淘汰。因此，要想有效地应对危机，必须树立较强的危机意识，这关乎企业的发展和壮大。

第一节 强化危机管理意识

由于工作的关系，我经常接触一些民营企业的老板，经过交谈后发

现，他们不仅不懂得危机管理，危机观念淡薄，甚至很多的民营企业老板往往缺乏危机管理意识，这样的问题较为普遍。

这就意味着一旦企业危机发生，这些民营企业老板根本就不懂得如何正确地应对突发的企业危机事件，错过了有效的危机处理时间，以致企业危机事件最大化地蔓延，最终导致花几十年累积的企业信誉丧失殆尽。

其实，在实际的危机管理中，只要企业经营者客观、科学地应对企业危机事件，就完全可以避免这类危机事件的发生。遗憾的是，众多企业经营者没有这样的危机意识。如在“巨能钙含毒”事件中，巨能公司宣布起诉有关媒体。在危机应对中，引导媒体的正面报道是一件十分重要的事情，与之对抗显然是不明智的，理由见表 13－1。

表 13－1　　不对抗媒体的三个理由

1	费时太长，延误战机
2	从情感上难以得到消费者的支持
3	不利于以后工作

既然对抗媒体不明智，读者可能会问，作为企业经营者，该如何处理企业的危机事件呢？对此，危机专家指出两点：第一要积极应对；第二要积极补救。见表 13－2。

表 13－2　　处理企业危机事件的两个步骤

1. 积极应对	当危机事件爆发后或者潜在危机事件成为现实危机事件时，企业危机事件的信息已经非常明显，企业危机事件也就进入了危机阶段。这就要求企业经营者具有高度的敏锐性，及时发现和确认危机事件的程度，并采取有针对性的应对策略，再根据危机事件的处理情况适时地启动危机预警和预控阶段制定的预案，根据实际情况确定具体措施并加以执行
2. 积极补救	当危机事件得到有效控制后，企业经营者必须着手恢复和补救危机事件对品牌的损害。当然，危机补救不仅包括实体完善，还包括信誉重建和形象重塑以及对危机管理进行评估、转危为机的过程

可以说，当危机事件发生后，积极应对、积极补救是危机管理的有效措施。然而，由于企业经营者缺乏这样的危机管理意识，结果使得危机事件再次发酵，大规模地再次蔓延，企业为之付出了惨重的代价。

在2006年"3·15"晚会上，中央电视台揭露了欧典地板非德国制造的事实。这一披露就像一枚重磅炸弹一样，使得欧典这一曾经耀眼的品牌立刻遭到诸多媒体的质疑。

欧典地板的广告号称："欧典地板，真的很德国。"

从2004年7月开始，"欧典地板，2 008元1平方米，全球同步上市!"这样内容的巨幅地板广告牌更是深入到许多大中城市中。

据欧典地板专卖店的销售人员向顾客介绍，欧典之所以敢卖出2 008元1平方米的价格，除了德国制造、选材苛刻外，其中最主要的原因是欧典是德国知名百年品牌。

欧典地板提供给顾客的宣传册上也写着："德国欧典创建于1903年，在欧洲拥有1个研发中心和5个生产基地，产品行销全球80多个国家。"

此外，欧典在德国巴伐利亚州罗森海姆市拥有占地超过50万平方米的办公和生产厂区，在北京通州工业区建立了合资地板加工基地。

然而，中央电视台记者根据欧典地板的宣传册在德国进行了调查，却没有找到欧典地板所称的德国总部，甚至在德国当地政府工商部门也没有查到有关欧典德国总部的登记信息。

欧典地板宣传的两位德国企业的总经理，却只是德国一家小企业的负责人。中央电视台记者也没有找到地址位于北京通州工业区的加工基地，但在一家名叫吉林森工北京分公司的生产车间里却发现欧典地板正在生产和包装，产品标签上并未标明真实的生产厂家。

纵观上述案例不难看出，中央电视台"3·15"晚会揭露了欧典地板的内幕。因为涉嫌虚假宣传，欧典这个仅用7年时间发展起来的地板品牌可能就此倒下。那么到底是谁给欧典制造了危机呢？是夸大宣传的欧典地板，是中央电视台"3·15"晚会，是"趁火打劫"的媒体，还是中国地板界的竞争对手？

对此问题，在某网站的一次论坛上，营销专家、媒体代表和企业公关人员以欧典事件为例，对正在蓬勃发展的家居业面临危机时如何应对进行反思。一种观点认为，欧典的失误不仅在于面对危机时反应迟钝，而且在于当品牌发展到一定阶段时没有做好品牌定位，过度强调“德国”，导致了危机的发生。[①] 另外一种观点认为，欧典危机事件的发生只是早晚的问题，主要是因为错误的品牌定位，在营销推广中太强调“德国”品牌的重要性，容易被消费者质疑其德国品牌的纯正性。中央电视台记者在采访中抓住了把柄，这样的问题其实根本无法回避，这才是导致欧典危机事件发生的根源。可以肯定地说，上述两个观点都在阐述欧典地板经营者缺乏危机意识，最终导致了媒体的曝光。

第二节　仅仅道歉是不够的

由于缺乏危机管理意识，很多企业经营者在面对每年的“3·15”消费者维权日时，都有着各种复杂的心态——有的祈求“3·15”晚会不会曝光其企业产品的问题，有的则担心“3·15”晚会曝光后的市场情况。例如曾经在消费者心目中具有最高血统的、“欧典地板，真的很德国”的地板品牌在涉嫌夸大虚假宣传被“3·15”晚会曝光后，顿时成为了一只“过街老鼠”，人人喊打。欧典这个品牌饱受各界评议，并一度引起整个行业的诚信危机。在巨大的舆论压力之下，欧典地板总裁闫培金被迫站出来向广大消费者道歉。

闫培金说：“欧典就企业形象夸大宣传的错误向全国消费者致以诚挚的道歉。我清楚地知道，欧典所犯的错误绝不是一两次道歉所能解决的，只要是在法律的层面上我们应该承担的责任，我们一定承担。‘3·15’晚会的曝光对欧典来讲，是一个惨痛的教训，欧典为这个惨痛的教训付出的代价也是沉重的。痛定思痛，我会一辈子铭记这个教训，从零开始，从头做起，保证在今后的经营中绝不再犯。”

---

① 吴厚斌．专家：欧典事件根源在于品牌中德国分量太重［N］．华商报，2006-05-25．

当欧典危机事件曝光后，整个地板行业受到巨大影响，销售量大幅下降，地板行业濒临亏损。一时间，企业如何诚信经营也再次成为中国各行业深入探讨的话题。对此，《经济信息联播》栏目发表评论认为，欧典不诚实的经营手段既伤害了消费者，也让企业付出了惨重的代价。正视自己栽过的大跟头，在哪儿跌倒就从哪儿爬起来，欧典还算得上是一个勇敢的企业。企业形象不是用语言来塑造的，消费者的口碑才是企业经得起检验的成绩单。欧典要恢复自己的名誉，最好是在产品和服务上多做文章。向消费者道歉只是开了一个头，欧典还有很多事情要做。

在这里，我想到了电影《天下无贼》里的那句英文台词——“But only sorry is not enough”。的确，对于此刻的欧典地板来说，仅仅道歉是不够的。

其实，像欧典地板这样一个濒临凋谢的品牌要起死回生，闫培金要做的不仅是道歉，更重要的是正视危机的存在，正确地处理这场危机。闫培金将这场危机概括为“短视”和“长视”的问题。他在接受媒体采访时反省说：“欧典这次失误有得有失：得到的是管理方面的一个教训，失去的是整个布局的继续推进。但是，我仍然坚信欧典发展模式的未来。”

经历过这次教训之后，中国企业经营者从闫培金的身上体会到了危机管理的重要性。不仅是欧典，曾经的三株口服液、中美史克、SK-Ⅱ等知名企业也都曾面临一场场危机，有的黯然退市，也有的化险为夷。

很多企业往往郑重其事地研究其他深陷危机事件的企业，并且讨论问题的根源，诸如不注意公关或是反应迟钝等等。例如还在关注别人的企业危机的哈根达斯，就被曝光在不符合卫生条件的民宅里做世界上档次最高的冰激凌，甚至加工车间紧挨卫生间。

很多企业危机的发生源于危机管理意识的缺乏。欧典地板被中央电视台曝光虽然已经过去十多年了，但其影响至今还在，在历次家居行业的论坛上，欧典事件依然是一个谈论的焦点。

对于中央电视台“3·15”晚会报道了欧典德国总部子虚乌有的新闻，欧典地板决策层对危机估计不足而反应迟钝，并且欧典自身在品牌定位上也很失策。

中国品牌研究专家李海龙在接受《北京现代商报》的采访时说道：“当企业在规划品牌架构，向顾客传达品牌信息时，先强化什么，后强化什么，哪些元素要进行弱化，是非常重要的。比如宝洁刚到中国的时候，知道中国消费者喜欢来自美国、英国的东西，就在强化产品本身之外，强化来自美国的宝洁公司生产的产品。当宝洁产品的品牌力量在功能、功效和诉求方面都在消费者心目中建立起固有的模式和依赖度以后，便逐渐淡去了来自美国的宝洁公司的企业品牌形象。欧典缺少的正是宝洁那样的品牌定位。多年来欧典地板并没有出现大量投诉的质量问题或者人身伤害问题，这说明产品本身的质量是不错的。当地板的质量达到对消费者的吸引度之后，就应该把重点放在强化地板本身的质量给消费者带来生活的美感或者健康的角度，而逐渐淡去欧典或者德国‘舶来品’在消费者心中的地位。纵观欧典地板危机很容易知道，在消费者心目中，欧典就是一个德国品牌，这一点已经根深蒂固。媒体对欧典一曝光，说这‘德国’根本是假的，消费者就有受骗的感觉。”

危机管理专家指出，“欧典事件”的根源在于品牌中“德国”分量太重，自其在“3·15”晚会被曝光后，欧典成了品牌策划界的负面案例，甚至被称为“欧典现象”。闫培金对于曾经所犯的错误并不避讳，但显然有些避重就轻。

莱茵阳光地板营销总监杨志明在接受媒体采访时强调：“如果他是欧典的老板，面对危机时至少首先会做到三点：一是非常坦诚地承认事实，让公众知道真实情况；二是强化产品质量，进行免费检测，或者进行先期赔付；三是对自身存在的问题诚恳地道歉，并聘请消费者作为监督员，以自己为反面教材警醒整个行业。”

杨志明还认为，应对危机的最高层次是防患于未然。他说：“欧典事件发生后，我们就预测到政府方面要加强对地板企业宣传的监管，所以我

们马上对自己做出检查，对宣传上不符合规定的细节进行整改，避免成为媒体后续报道的靶子。”

第三节　企业家的“三只眼”分别看市场竞争、企业内部、政府政策

对于任何一个企业来说，危机无处不在。因此，在企业经营者应对危机的过程中，建立完善的危机预警防范体系尤为重要。不过，要想真正将危机化解，最关键的还是要树立较强的危机管理意识。

事实证明，在有效危机管理的过程中，特别是在遇到危机事件时，企业有所准备往往能够取得事半功倍的效果。

究其原因，只有具备较强的危机意识，才能认识到危机是随时可能发生的，因为“零危机事件”对于任何一个企业来说都是不可能的事情。

在当今社会各种各样的危机事件中，危机管理的方式会对企业品牌、产品品牌以及它的声誉、市场销售额带来很大的影响。也许人们会渐渐淡忘危机事件本身，但是人们却会记得当时企业对危机事件的反应，并就此形成对企业的评价。企业如此，政府亦如此。面临“非典”和“禽流感”的时候，政府是怎么做的，措施有什么变化，我想这都给大家留下了深刻的印象。发生概率越小的事故，人们往往越难以接受，这些看似未必合理，但却是客观现实。每一个事故都会给企业带来一定的损失，而且很多损失是无形的、巨大的。①

从欧典地板的危机管理来看，这个案例反映了中国企业危机管理的现实状况，企业经营者对危机的认识、应对措施及手段的缺乏，导致危机来临时“兵败如山倒”，这是其中一个很重要的原因。

北京大学经济学院副院长董志勇撰文指出：“作为一个合格的企业家，

---

① 郭惠民．危机管理　重在防范［N］．中国信息报，2006-10-11.

一定要有‘三只眼’：一看市场竞争，二看企业内部，三需要盯着政府政策。”

研究发现，导致企业危机事件发生的因素有很多，有些企业的危机事件是由偶然因素引发的，但可以肯定的是，多数企业危机的爆发是一个累积变化的过程。

在这个变化过程中，如果企业经营者具有较强的危机意识，能够敏锐地洞察到一些细微的变化，再根据企业日常从各种各样的渠道搜集到的资讯，最终及早地采取有效的企业危机防范措施，这样就可能完全避免企业危机事件的发生或者尽可能减少企业危机事件导致的损害和影响。因此，树立强烈的危机意识无疑就成为中国企业经营者危机管理的首要环节。

可能读者会问，作为企业经营者，如何才能树立强烈的危机意识呢？具体方法见表 13 - 3。

表 13 - 3　　树立强烈的危机意识的三个方法

1. 将企业危机的预防作为日常工作的组成部分	对于中国企业经营者来说，树立较强的危机意识对于企业而言尤为重要，因为较强的危机意识是企业生存和发展的一个关键因素。因此，在危机管理过程中，必须提升企业经营者自己的危机管理意识，将企业危机的预防作为日常工作的组成部分
2. 对员工进行危机管理教育	在危机管理中，要使得企业所有员工都具备危机管理意识，就必须对员工进行危机管理教育，让所有员工都意识到，必须依靠所有员工的共同努力才能真正地避免危机。只有提高员工的危机意识，才能真正地提高企业抵御各种各样危机的能力，有效地防止企业危机事件的发生
3. 开展危机管理培训	对员工进行危机管理教育只是所有员工参与危机应对的第一步，接下来就要开展相关的危机管理培训，更有针对性地应对危机。当然，对员工开展危机管理培训，不仅在于进一步强化员工的危机意识，更重要的是让员工掌握危机管理知识，提高在实际的企业危机事件中员工的处理技能和面对危机的心理素质，提高整个企业的危机管理能力

第十四章
建立危机预警机制

企业都有一定的生命周期，但是生命周期的长短大都与企业的危机管理有关。在日趋激烈的竞争中，企业生命显得越来越脆弱，随时都会受到死亡的威胁。许多曾红极一时的企业相继出现危机，即使曾是世界 500 强企业的安然公司、雷曼兄弟等，也在重重危机中纷纷倒下。这样的教训足以说明，只有建立危机预警机制才是避免企业倒下的有效手段。这对于每一个发展中的企业来说，都有着生死攸关的决定性意义，对于中国企业来说，其意义或许更为巨大。

第一节　危机管理预警已广受关注

在危机事件频发的当下，企业有效地建立起一套行之有效的危机预警机制来预防危机事件，妥善地处理危机事件，把握危机期间的媒介关系，有条不紊地进行积极的危机管理，使企业减少或避免危机事件造成的巨大损失，强化危机意识，建立科学、完整、有效的危机管理体系，才是中国企业经营管理中的首要任务。

当危机事件屡屡发生时，呼之欲出的危机管理就摆在企业经营者面前。危机管理预警已经成为企业经营者关注的研究课题。研究发现，早期的企业危机预警只是着眼于企业财务危机的研究。20 世纪 60 年代，美国纽约大学斯特恩商学院爱德华·阿特曼教授运用多变量分析法来研究公司财务危机的预警问题。

事情是这样的，爱德华·阿特曼在 1968 年曾对美国破产和非破产生产企业进行研究，采用了 22 个财务比率，通过数理统计方法筛选建立了著名的 5 变量 *Z*-score 模型。*Z*-score 模型是以多变量的统计方法为基础，以破产企业为样本，通过大量的实验，对企业的运行状况、破产与否进行分析、判别的系统。*Z*-score 模型在美国、澳大利亚、巴西、加拿大、英国、法国、德国、爱尔兰、日本和荷兰得到了广泛应用。①

在 *Z*-score 模型中，爱德华·阿特曼运用多变量建立多元线性函数公式，即选取多个财务指标，给每个指标赋予相应权重，加权平均产生判别值 Z 值，根据 Z 值来预测财务危机。这种思路是非常值得企业经营者借鉴的。

研究发现，危机预警的研究现状可以总结为两类：（1）在定量研究方面，研究者选择预警指标，赋予每个指标权重，进行加权平均，以最终的数值反映危机程度。（2）在定性研究方面，研究者阐述了危机前的某些征兆，然后给出一些预防建议。②

上述两种研究为危机预警管理提供了理论指导。不可否认，要想有效地应对危机，建立危机预警机制是必需的。

在“首届经济全球化下的企业危机管理国际论坛”上，时任中国国际关系协会会长的李道豫大使指出，如果企业不预先制定完善的危机公关战略，并在危机的最初阶段对其态势加以控制，危机造成的连锁反应

---

① 博锐百科. 阿特曼 *Z*-score 模型［EB/OL］. 2014. http://baike.boraid.cn/doc_8994.html.

② 百度百科. 企业危机预警［EB/OL］. 2014. http://baike.baidu.com/view/4338871.htm? fr=aladdin.

将是一个加速发展的过程：从初始的经济损失，直到苦心经营的品牌形象和企业信誉毁于一旦。尤其是后者将带来无法估量的损失和致命的打击。①

在李道豫看来，要想有效地化解企业危机，最好的解决办法就是建立科学、完整、有效的危机管理体系，特别是危机管理预警机制。的确，对于任何一个企业来说，地震、突发流行病等天灾或政治、宏观经济等社会环境等外在因素可能会导致企业爆发危机事件。

在企业危机中，内在因素导致的危机事件比比皆是，企业更应该避免此类危机的发生，其中包括投资失误、定价策略失误、不能履行合同等原因导致的信誉危机、信贷危机，管理序列失衡导致的管理危机，以权谋私、贪污行贿导致的违法危机，企业内部人员素质低下导致的企业生存危机，等等。② 在这里，我们就来分析一下索尼错误的危机管理。

2005 年 12 月，浙江省工商局在对辖区商品进行抽检时竟然发现索尼 6 个型号 30 批次的数码相机存在包括自动白平衡失效、成像均匀度不好、液晶屏亮度不够、自动曝光不准确等问题，于是将这部分索尼产品定性为“不合格产品”。其实，这 6 个型号的数码相机早已被国家照相机质量监督检验中心综合判定为不合格。

浙江省工商局在 2005 年 12 月 12 日的通报中披露：“6 个型号的索尼相机是由上海索广电子有限公司生产的索尼 DSC-H1 和 DSC-L1 型数码相机，存在的问题是成像均匀度、白平衡、自动曝光和液晶屏亮度不合格。

“不合格的还有由索尼电子（无锡）有限公司生产的索尼 DSC-P200、DSC-W7、DSC-W5 和 DSC-S90 型数码相机，存在的问题是成像均匀度和自动曝光不合格。”

---

①② 居安思危　防患未然　持续发展——首届经济全球化下的企业危机管理国际论坛 [J]. 化工管理，2003 (3).

对此，浙江省工商局已做出责令其停止销售的决定，并予以立案调查，同时对涉嫌质量问题的其他相机也进行进一步调查。①

刚开始对索尼产品调查取证时，索尼公司对此根本不配合。面对浙江省政府执法部门的询问，通常的回复就是说相关负责人不在单位，或者说对该情况不了解。

当索尼相机的质量问题被多家媒体集中曝光后，索尼才开始进行危机管理，具体措施是：第一，质疑检测标准；第二，索尼公关人员抵达浙江，与相关政府部门沟通；第三，矢口否认相机存在问题；第四，对媒体"恩威并用"，以订阅报纸换下稿件，或者以撤销广告威胁媒体放弃报道。

面对媒体的集中讨伐，2005 年 12 月 16 日，索尼公司宣布，即日起所有涉案 6 款相机全线撤柜、停止销售，并公开承认"企业标准文件中出现与索尼实际产品性能不符的情况"，正式向消费者道歉。

2005 年 12 月 19 日，索尼再次发表声明，强调向杭州相关检测部门提交的企业标准数据与数码相机本身被检测出来的实际性能不完全一致，导致相关产品被判定为检测不合格，这是生产厂家相关工作人员的工作疏忽，属于内部管理问题，并再次向中国消费者道歉，承诺受理消费者的退货要求。②

事后，索尼内部人士坦言，索尼的此次危机原本可以避免，甚至不该发生。让索尼公司没有想到的是，此次危机造成的直接损失竟然超过 10 亿元人民币。

在上述案例中，索尼"问题相机"危机成为 2005 年在华跨国公司 10 大公关危机不当处理之首，足以看出索尼的危机处理能力之差。

① 朱立毅，沈雁．索尼 6 个型号 30 个批次的数码相机均存在质量问题［N］．新华日报，2005-12-13.

② 叶桂楠，庞亚辉．2005 年在华跨国公司 10 大公关危机点评［J］．IT 时代周刊，2006(4).

在危机爆发之时，索尼正面临着巨大的危机：一方面，在巨亏压力下，索尼公司开始寻找新的利润池；另一方面，2005 年 12 月 22 日北京市统计局曝光了部分违规企业，索尼赫然在榜。

看来，索尼已经是四面楚歌了。摆在索尼面前的最为紧要的任务是从危机中全面突围。索尼尽管是世界 500 强企业之一，却缺乏危机预警机制，反而以老大自居，天下唯我独尊，不把政府部门、媒体放在眼里，置消费者利益于不顾，这样的危机处理方式导致索尼付出巨大的代价也就理所当然。

索尼在问题相机的危机公关中的拙劣表现，似乎恰好说明了索尼人对自身问题严重性的认知程度尚不够充分。因此，要想有效地应对和解决危机，就需要建立企业危机预警机制，建成这种机制的前提则是企业经营者和员工都必须具有危机意识，在面对危机时能够从容应对。

第二节　建立完善的预警指标体系

建立危机预警机制是企业高速成长的一个有力的保障措施，因为任何一个企业的发展都不是一帆风顺的。正如企业危机管理与公关专家奥古斯丁所言："企业的每一次危机既包含导致失败的根源，又孕育成功的种子。发现、培育、收获这个潜在的成功机会，关键就在于把握危机管理的精髓。"因此，危机管理的最好办法就是准确预见危机，建立危机预警系统。

为了更好地应对企业危机，业内专家把建立企业危机预警指标体系作为建立危机预警机制的更好的补充。所谓预警指标体系，是指把各项预警指标整合起来，通过大数据来系统地反映企业的危机状态。当然，对于中国企业来说，建立完善的预警指标体系，其关键还在于选择恰当的预警指标。因此，企业要想建立完善的预警指标体系，预警指标只有具有灵敏性、概括性，才能够使预警指标体系正确、迅速、全面地反映企业各个方面存在的危机隐患。

在实际的危机管理中，企业经营者从预警指标的变动情况可以推断企业是否处于危机状态，有针对性地解决企业存在的危机问题。

关于危机管理预警，危机管理专家张志强将反映企业核心竞争力危机

状态的预警指标归纳为三大类：(1) 企业生存能力指标；(2) 企业发展能力指标；(3) 企业变革能力指标。

在如今的中国企业中，变革能力尤为重要。变革能力更强调内外环境的动态性对危机的促成作用。因此，危机管理专家认为，企业危机预警指标应该从企业生存能力、企业发展能力和企业变革能力三方面来考虑，详情见表 14－1。

表 14－1　　三级预警指标

一级指标	二级指标	三级指标（指标符号）	指标获得途径
企业生存能力	财务状况	投资收益率（a_1）	利润总额/投资总额
		资产负债率（a_2）	总债务/总资产
		贷款回收率（a_3）	本期已收货款/本期应收货款
	市场状况	销售增长率（a_4）	(本期销售量/上期销售量－1)×100%
		市场占有率（a_5）	产品销售量/市场上同类产品销售量
	人力资源状况	人员流动率（a_6）	本期员工流动人数/总员工人数
	生产状况	人均劳动生产率（a_7）	本期全部产品的产值/本期职工人数
		生产事故发生次数（a_8）	记录企业本期发生生产事故的总次数
企业发展能力	融资能力	企业信誉等级（b_1）	财务部门对该企业的信用评估等级
		自有资产增值率（b_2）	(期末自有资产/期初自有资产－1)×100%
		企业积累率（b_3）	(本期公积金＋未分配利润＋折旧费)/总利润
	创新能力	设备先进度（b_4）	达到国际（国内）先进水平设备数/总设备数
		研发经费比率（b_5）	本期实际用于技术开发经费/本期产品销售额
		高级技术员工比例（b_6）	高级职称职工人数/总体职工人数
	顾客评价	顾客满意度（b_7）	记录顾客投诉次数；顾客满意度调查

续前表

一级指标	二级指标	三级指标（指标符号）	指标获得途径
企业变革能力	外部应对能力	外部信息获取能力（c_1）	检查企业信息搜集渠道
		对战略伙伴的依赖性（c_2）	上下游合作伙伴的替代性、实力测评
	内部灵活性	内部畅通性（c_3）	检查职能结构的合理性
		高层管理人员素质（c_4）	根据管理人员专业、学历和具体表现综合评价

危机管理专家指出，在危机预警指标中，特别是在建立危机预警机制之前，预警指标按统计期限可以分为月度指标、季度指标、年度指标。

(1) 月度指标。月度指标包括销售增长率、人均劳动生产率、生产事故发生次数、外部信息获取能力。这类指标必须每月统计一次，之后进行分析，最后制定有效的应对举措。

(2) 季度指标。季度指标包括市场占有率、人员流动率、企业积累率、研发经费比率、顾客满意度、对战略伙伴的依赖性、内部畅通性。这类指标一个季度统计分析一次，其后进行分析控制。

(3) 年度指标。年度指标包括投资收益率、资产负债率、贷款回收率、企业信誉等级、自有资产增值率、设备先进度、高级技术员工比例、高层管理人员素质。这类指标一个年度统计一次，其后进行分析控制。

第三节　加强企业危机的预警管理

我们在研究了很多企业危机后发现，其中有一半以上的企业危机事件是可以事先防范的，只不过企业经营者疏忽或者不够重视而已。这就要求企业经营者加强企业危机的预警管理，尽管危机预警不能完全避免危机事件的发生，但是至少可以降低危机事件发生的概率和危害的程度。

在《危机管理》一书中，英国危机管理专家迈克尔·里杰斯特坦言，预防是解决危机的最好方法。他说："任何公司都需要有危机管理的措施，唯一不同的是根据企业的性质和大小，其实施情况有所变化。无论怎样，我们都要抓住问题的关键，那就是组建危机管理小组来制定或审核危机处理方案及其方针和工作程序。”

在迈克尔·里杰斯特看来，无论危机大小，都需要有危机管理的措施。一般地，企业可以通过组建危机管理机构、制订危机管理计划等措施来构建企业的危机管理系统。一旦企业可能出现危机，危机管理机构可以通过危机预警系统平台来评估危机发生的可能性，然后迅速制定应对危机的应急措施。

遗憾的是，许多企业经营者更多地倾向于在危机事件已经很明显时才匆忙采取应急措施来应对危机，结果处理危机事件的效果不尽如人意。在这样的背景下，企业加强对危机预警系统的管理就尤为重要。企业须将其已经建立的危机管理机构细分为危机预警管理机构和危机管理机构，前者专门对危机预警系统的运行过程进行管理，这样才能充分响应危机预警系统的预警，使企业对危机预警系统的反应更加敏捷和顺畅，使企业的整个危机管理工作做得更加周密和有效。①

众所周知，危机预防是有效地处理危机的第一步，也是有效地应对危机的关键。只有从源头查找危机产生的原因并加以管理防范，才能真正达到危机的有效预防和控制。当然，要想查找危机产生的原因，就必须建立危机预警机制。

解决企业危机最好的办法是居安思危，未雨绸缪。在危机发生前，危机预警机制的存在，能够使得危机事件被控制在预定的范围。因此，企业经营者要想控制危机事件，建立企业危机预警是有效解决企业危机管理问题的一个重要因素，以下几点值得中国企业经营者关注。

1. 完善企业危机预警系统的设计与维护

在危机预警系统的构建和执行中，设计与维护好危机预警系统就可以更好地监控和预测危机事件的发生。

---

① MBA智库百科. 企业危机预警［EB/OL］. 2014. http://wiki.mbalib.com/wiki/企业危机预警.

一般地，要确定危机临界点，需要查看危机类型的设定是否与企业本身的行业特征和企业管理水平相符、对危机与危机预警系统之间的关系评估是否合理和科学、对临界点的设计是否过低抑或过高、是否配备了得力的相关人员等。对设计过程中所出现的缺陷进行纠正与改进，需要企业主要决策人员的参与，他们的参与能确保系统重新设计工作的顺利展开。① 因此，设计与维护企业危机预警系统是有效应对危机的重要一环。

在危机管理中，企业经营者对危机预警系统的人和物的维护要做到定期、定量，具体的做法是：定期更新危机预警系统的机器设备，定量奖励负责系统预警的相关工作人员，特别要奖励在企业危机预警方面有突出贡献的企业员工，以提高员工工作的积极性和创新性，从而提高危机预警系统的运行效率。②

2. 构建企业危机预警文化

在危机预警管理中，要想有效地应对危机事件，提高企业经营者的危机预警管理意识尤为重要。在实际的危机管理过程中，建立危机预警系统是其最直接的体现。

然而，我们在研究后发现，企业经营者往往对危机预警管理不够重视，认识也不够深入，容易屏蔽自我，自我感觉良好，看不到潜在危机的存在。像海尔、华为这样把危机预警管理做得较好的企业几乎凤毛麟角。这些企业成功地构建了自己的危机预警文化，如张瑞敏的“永远战战兢兢、永远如履薄冰”的危机意识、任正非的《华为的冬天》的危机观念已经渗透进企业每一位员工的心田。因此，危机管理专家指出，构建企业的危机预警文化需要企业从理念、机制和制度三个层面着手，由企业最高领导者带头，树立积极的企业危机观念，在机制上设立合理科学的奖惩办法，进而形成企业的一整套危机管理制度。③

①②③ 黄利潮，张毕西．企业危机预警中的问题与对策［J］．企业改革与管理，2006(11)．

第十五章
冷静应对媒体的负面报道

在很多危机事件中，由于企业经营者缺乏积极应对媒体负面报道的意识，最终错过了最佳的危机管理时机，结果使得企业品牌和产品有可能遭到灭顶之灾。

当企业遭遇媒体负面报道时，积极回应比沉默更为有效。对此，曾在凤凰卫视任职的著名记者闾丘露薇坦言，在一些突发事件中，政府或单位所采取的面对媒体的开放式良好姿态，往往能把“危机”变成“机会”，从而澄清误解，并赢得公众信任。但在媒体记者获取信息的渠道受阻的情况下，媒体记者就会各尽所能、挖空心思从侧面搜集信息并“拼凑真相”，将本来简单的情形复杂化。

在闾丘露薇看来，媒体最希望对某件事情得到一个最好的回应，使新闻达到最好的效果。

第一节　负面报道的三种类型

事实证明，对于任何一个企业来说，当危机发生时，负面报道是不可避免

的，这就要求企业经营者正确地、客观地看待媒体的负面报道。

一般地，负面报道通常都聚焦在与现行社会秩序和道德标准相冲突的事件以及一切反常现象上，具体表现在犯罪、丑闻、事故以及自然灾害等方面。媒体几乎都会重点报道该类事件。

究其原因，媒体的负面报道主要是为了揭露社会灰暗的一面，其目的是唤起公众对事件的关注和警醒。因此，负面报道更多地聚焦在某个事件的性质而非结果上。很多人只看到一些表象，殊不知，这样的看法是错误的。

众所周知，负面报道主要分为如下三个类型：

第一，批评揭露性报道。在负面报道中，批评揭露性报道是最常见的一种报道方式，其实，这不过是一种新闻监督而已。如尼康问题相机的负面报道，在不知情的公众看来，它就是批评揭露性报道。

第二，社会危机事件报道。所谓社会危机事件报道，是指由自然灾害、恶性传染病、大型事故、经济危机等天灾人祸所引起的社会混乱和动荡。这种负面报道反而是受大众欢迎的报道，因为它不仅向社会公众提供准确和最新的信息，还可以为公众“解疑释惑”，帮助公众接受、判断、利用这些信息。①

第三，黄色煽情性报道。所谓黄色煽情性报道，主要是指对暴力、犯罪、名人丑闻、流言蜚语、离婚等这些社会阴暗面的报道。

在中国很多地方缺乏对负面报道的了解，甚至一些地方政府制定出“防火、防盗、防记者”的危机策略。在企业中更是如此，一旦有媒体记者曝光某件事情，企业要么是给钱私了，要么是沉默不语。

纵观历史，“负面报道”不是今天独有的信息发布方式。在19世纪，美国《纽约太阳报》编辑约翰·博加特就热衷于负面报道。他说：“狗咬人不是新闻，人咬狗才是新闻。”在尔后的100多年中，约翰·博加特的这

---

① 企业如何应对新闻媒体的负面报道［EB/OL］. 2013. http://pr.brandcn.com/gongguanmiji/131120_361785.html.

句话成为了媒体从业者的名言，至今魅力犹存，其中主要说的就是新闻中的反常性。

研究发现，在媒体的负面报道中，其新闻主题大多数是由“不寻常”和“冲突”构成的。这两个要素在西方新闻价值中占据着非常重要的地位。

对此，英国传媒研究者卡尔通和鲁格在论述新闻价值的原则时说：“一个事件负面因素越多，它构成新闻的可能性就越大。”

究其原因，对于读者而言，负面题材的新闻比正面题材的新闻更能吸引读者阅读。因此，在这样的背景下，媒体为了提升影响力，无疑会报道更多的负面新闻。不过，媒体的负面报道也并非洪水猛兽，一旦冷静应对，还是可以把危机转化为机会的。

第二节　中国企业应对负面报道的能力大多不合格

对于很多企业来说，积极处理好与媒体的关系是一个企业品牌塑造的有力推手，但是，如果处理不好，那么企业的品牌和产品危机有可能遭到灭顶之灾。

业内专家尖锐地指出：“古语有‘成也萧何，败也萧何’之说，对企业而言，可谓‘成也媒体，败也媒体’。企业家与文艺界明星不一样，如果曝光太多，就会引起媒体的过多关注。特别需要注意的是，企业与媒体千万不能打官司，即使企业的官司能赢，也会得不偿失，失去市场。”因此，企业经营者必须冷静地处理与媒体的关系，特别是处理媒体的负面报道。当面对负面报道时，企业经营者此刻最重要的是冷静地对待媒体的负面报道。在这里，我来跟读者分享一则寓言故事：

有一天，在中国北方某地，李大嘴用驴子运地里的玉米棒，由于天快黑了，驴子不小心掉进了一个深 5 米、宽 3 米的大坑内。

由于坑深 5 米，李大嘴无法将驴子和玉米棒从坑中弄上来。这头驴跟着李大嘴干了8年的活，所以李大嘴不忍心看着驴子被饿死，于是他决定将驴子埋在坑中。

当李大嘴往坑里一锄一锄填土时，驴子身上的土都被抖落在坑内。坑中的土越扔越多，驴子脚下被垫得越来越高。

经过一夜的努力，驴子居然踩着李大嘴填的土跳出了大坑。

这个寓言告诉中国企业经营者，一些起初被认为是灭顶之灾的危机事件其实是可以化解的，关键是要采用正确的方法。

事实证明，在很多中国企业中，企业经营者在赞扬和讴歌中失去了自我，面对媒体的负面报道时大都不知所措。2009年，人民网舆情监测室、《证券时报》网络舆情监测室对数百家境内外主要媒体、知名网站和论坛以及数百位意见领袖的热点事件的监测结果显示，在12个热点网络舆情事件中，中国企业应对网络舆情的能力大多不合格，见表15－1。

表15－1　　12个热点网络舆情事件

序号	事件	热度
1	三鹿问题奶粉事件	红
2	汇源收购案事件	橙
3	通钢群殴总经理致死事件	橙
4	黄光裕涉嫌经济犯罪被警方调查事件	橙
5	谷歌中国“色情门”事件	黄
6	微软黑屏事件	黄
7	中石化“天价吊灯”事件	黄
8	百度竞价排名事件	黄
9	国泰君安“高薪门”事件	蓝
10	威立雅被指操纵水价事件	蓝
11	腾中重工收购悍马事件	蓝
12	“移动门”事件	蓝

在12个热点网络舆情事件中，表15－1显示的热度为红、橙、黄、蓝四级，三鹿问题奶粉事件为红色警报，说明应对危机事件严重失当，存在重大缺陷；汇源收购案事件、通钢群殴总经理致死事件、黄光裕涉嫌经济犯罪被警方调查事件为橙色警报，说明应对危机事件存在明显问题；谷歌中国“色情门”事件、微软黑屏事件、中石化“天价吊灯”事件、百度竞

价排名事件为黄色警报，说明应对危机事件的能力有待进一步加强；国泰君安“高薪门”事件、威立雅被指操纵水价事件、腾中重工收购悍马事件、“移动门”事件为蓝色警报，说明应对危机事件相对恰当。

舆情分析师根据危机预警与应急处理机制、企业反应、信息透明度、善后处理、对企业发展的综合影响五项常规指标，与消费者、客户、供应商的关系，企业内部关系处理，企业与政府部门的关系处理，企业与行业协会、中介机构的关系处理四项特殊指标，对12个舆情事件中的企业舆情应对能力做出评估。① 然而，监测结果显示中国企业应对负面报道的能力大多不合格。

《证券时报》网络舆情监测室分析师李勇峰在接受媒体采访时坦言：“对国美电器而言，黄光裕事件是一个再典型不过的危机事件，正足以考验其舆情应对与危机公关的能力，而国美交出的答卷并不那么令人满意。严格执行信息披露制度，而不是沉默、失语，是企业特别是上市公司所必须承担的社会责任，也是顺利化解危机的第一步。”

在表15-1中，腾中和通用汽车都是舆论的赢家。人民网舆情监测室分析师谷文杰认为，在这场舆论热潮中，腾中和通用汽车都是赢家。在舆论应对方面，腾中有失有得，总体来看也算交了一份合格的答卷。腾中在企业形象维护方面表现尤佳，当有人对其“蛇吞象”的行为提出批评时，腾中及时地接受媒体采访，向社会公布自己未来关于悍马的新科研计划，并循序渐进地在媒体和网络上披露公司的背景、实力以及与通用汽车洽谈的内容，做到了信息的公开、透明。

第三节　与其被动应对，不如冷静对待

既然积极应对媒体的负面报道那么重要，那么企业经营者如何才能正确、科学地应对媒体的负面报道呢？对此，业内专家撰文指出，科学地应

① 李丽．中国企业应对网络舆情能力大多不合格［N］．中国青年报，2009-09-15.

对媒体的负面报道必须注意以下几点。

1. 转变僵化的传统危机管理思维，积极应对微时代负面报道

由于企业生产的产品大多数都销售给消费者，产品直接与消费者接触，这无疑会更容易出现负面报道。《2013 年全国消协组织受理投诉情况分析》报告显示，2013 年商品大类投诉中，家用电子电器类、服装鞋帽类、日用商品类、食品类和交通工具类投诉量居前列，见图 15－1。

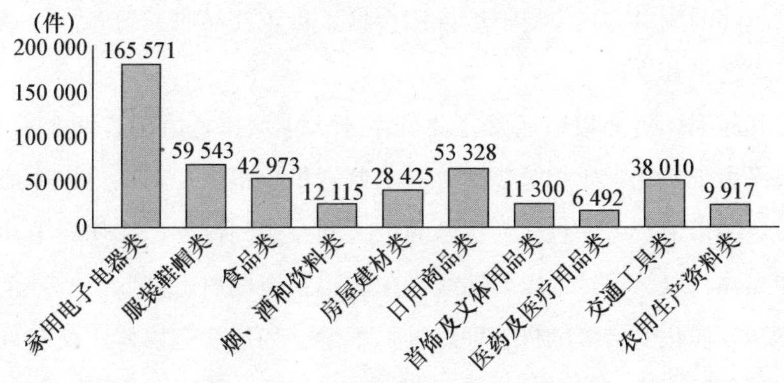

图 15－1　商品大类投诉量图

与 2012 年相比，2013 年家用电子电器类、日用商品类、交通工具类和首饰及文体用品类的投诉所占比重均有所上升，见表 15－2。

表 15－2　商品大类投诉量变化表

商品大类	2013 年（件）	投诉量占投诉总量的比重（%）	2012 年（件）	投诉量占投诉总量的比重（%）	比重变化（%）
家用电子电器类	165 571	23.6	126 283	23.2	↑0.4
服装鞋帽类	59 543	8.5	52 452	9.7	↓1.2
日用商品类	53 328	7.6	38 131	7.0	↑0.6
食品类	42 973	6.1	39 039	7.2	↓1.1
交通工具类	38 010	5.4	26 438	4.9	↑0.5
房屋建材类	28 425	4.0	24 631	4.5	↓0.5
烟、酒和饮料类	12 115	1.7	10 077	1.9	↓0.2
首饰及文体用品类	11 300	1.6	6 331	1.2	↑0.4
农用生产资料类	9 917	1.4	7 574	1.4	0
医药及医疗用品类	6 492	0.9	5 332	1.0	↓0.1
商品类总计	427 674	60.8	336 988	62.0	↓1.2

从上述数据不难看出，家用电子电器类、服装鞋帽类、日用商品类、食品类和交通工具类企业出现负面报道的概率最大。因此，企业经营者随意拒绝媒体采访的做法是错误的，必须正面地、积极主动地面对媒体的采访。不仅如此，企业还应尽可能地通过媒体向消费者解释企业产品出现问题的原因、过程、结果等，通过合理的解释达成社会的共识。

在这里，需要提醒企业经营者的是，当负面报道出现后，干扰媒体采访是最忌讳的应对方式，更不应该用金钱、贵重礼品收买记者。一旦这样做，只能适得其反。

究其原因，负面报道通常主要产生于大中城市，原因有两个：第一，城市居民由于文化素质相对较高，其法制意识也很强；第二，媒体都集中在城市，城市消费者一旦认为自己的个人利益遭到侵害，往往会主动打电话通知媒体，媒体也经常以新闻线索来获得报道题材。因此，一旦企业经营者不转变僵化的传统危机管理思维，不学会如何欢迎媒体，就有可能遭遇更多的负面报道。

2. 以积极开放的心态应对媒体的负面报道

不管要应对的是自媒体还是传统媒体，企业经营者都必须以积极开放的心态应对媒体的负面报道。因为如今的中国信息高度发达，在这样的背景下，任何一个企业企图封杀媒体的做法都是错误的，也是不可取的。

当企业遭遇负面报道后，特别是在突发事件面前，企业经营者一旦掩盖真相，媒体自然就会借此机会炒作，企业越是拒绝媒体记者的采访，越会给媒体记者留下“此地无银三百两，隔壁王二不曾偷”的印象，一些媒体记者就越想挖掘出企业不可告人的内幕。

此刻，企业经营者只有主动地向媒体传递正确的信息，并且加以引导，媒体才有可能认为企业是积极配合新闻督查的，企业出现问题甚至是可以谅解的，负面报道的传言、谣言甚至谎言危机才可以被有效地化解。

3. 建立企业新闻传播管理制度，积极应对负面报道

借鉴新闻发言人应对媒体的做法，企业应培养一两个熟悉本企业情况的员工专门负责记者的采访，统一管理和发布与企业相关的重要信息。

企业这样做等于规定了与媒体打交道的方式，本企业中哪些人有权接受媒体的采访，谁能代表本企业对媒体讲话，等等。

这样，一旦遭遇重大危机，企业就可以统一对媒体发布信息，避免在媒体面前一个人一个观点，说法不一，出现前后矛盾的情况，从而造成于己不利的危机后果。

4. 抽出时间接受媒体的采访，构筑一个媒体通路，应对负面报道

在应对负面报道前，最好先确定一两家媒体为自己代言，同时建立良好的合作关系。一旦企业遭遇其他媒体的负面报道，企业可以通过代言媒体进行正面回应，有效地引导媒体舆论。企业这样做，主要是为了更好地宣传正面新闻，一旦遇到负面报道，通常在最早时间内得到消息，有利于企业积极采取应对措施。

5. 积极做好危机应急预案

要想有效地应对危机事件，就必须积极做好危机应急预案。一旦出现负面报道，立即启动危机“解决方案”，在最短的时间内采取应对危机的应急措施，以降低负面报道的影响程度，有效地将负面报道转化为对企业有利的正面报道。

第十六章 应对危机必须坦诚

在自媒体非常发达的今天，危机发生的概率越来越大。当危机发生后，化解危机首先要坦诚，因为一个谎言可能需要上百个谎言去掩饰。谎言终究会被揭穿，那么危机事件必然会二次、三次发酵，使得危机事件不可控制，给企业造成不可逆转的巨大损失。

中科院科技政策与管理科学研究所李建平博士告诫中国企业经营者，"受中国文化的影响，所谓'人非圣贤，孰能无过'，讲究'恕人'，人们对于过错者还是愿意给予改错机会的，但关键是过错方认错的态度要好。至于企业具体的应对措施，我想首先要反应快，积极介入，尽量不要让危机造成的影响过快地扩散。然后直面危机，坦诚对待，通过多种媒体手段与消费者进行积极沟通，把问题清楚地展示给媒体和消费者。很多案例表明，试图掩盖一些小错误，最后都是愚蠢的。"①

在李建平看来，直面危机，坦诚对待是化解危机的最好办法。正如子贡所言："君子之过也，如日月之食焉：过也，人皆见之；更也，人皆仰之。"

---

① 李建平. 化解危机首先要态度坦诚［N］. 新京报，2005-06-30.

第一节　试图隐瞒真相的后果真的很严重

纵观中国企业的危机事件，当危机事件被媒体披露后，大多数企业要么沉默不语，要么不回应，采取鸵鸟式的危机应对政策。比如，2012 年 4 月 15 日，中央电视台《每周质量报告》栏目披露不法企业用工业明胶生产医药胶囊的相关情况，在第一时间里，没有任何一个企业主动应对危机，哪怕是道歉。

可以说，“铬胶囊事件”中的危机企业在一定甚至相当大程度上代表着中国企业目前真实的危机管理水平。危机事件的应对就如同一扇窗口，直接体现企业的危机管理水平，更重要的是反映企业的责任意识，甚至也反映着整个市场的环境。“铬胶囊事件”中的危机企业仅仅是中国企业的冰山一角。近些年企业大都采取如下四个应对危机的方法：

第一，装聋作哑。当企业问题产品或者危机事件被媒体曝光后，危机企业通常是见如不见，闻如不闻，似乎跟没有曝光一样。如“铬胶囊事件”中，当《每周质量报告》栏目曝光“铬胶囊事件”后，涉事的 9 家药厂竟然多数都装聋作哑，没有采取任何应对措施。

第二，傲慢自大。当问题产品被媒体曝光后，危机企业尽管做出了正面应对，但是却矢口否认被媒体曝光的问题，如“光明回奶事件”就较为典型。2005 年 6 月，当“光明回奶事件”发生后，时任光明乳业董事长兼总经理的王佳芬强势否认光明存在回奶问题，并称上海光明奶制品不存在任何问题。但当浙江和上海的光明问题奶被揭露和查处后，王佳芬的手机就无人接听了。

第三，敷衍塞责。当企业问题产品曝光后，危机企业尽管做出了正面应对，甚至也承认问题，但是却在推卸责任。如“铬胶囊事件”中，在《每周质量报告》栏目曝光“铬胶囊事件”的当日，吉林省辉南天宇药业股份有限公司在第一时间对《每周质量报告》栏目的报道做出反应，在其官网上发出《关于我企业使用抗病毒胶囊壳重金属“铬”含量的说明》，明确表示："在2000版药典中，检验标准没有重金属铬的含量测定，只是规定重金属的含量标准为不超过5mg/kg。曝光的我企业抗病毒胶囊（产品批号：091102）是2009年11月份生产的，执行的正是2000版药典标准，因此所生产抗病毒胶囊为合格产品。至于央视记者曝光，抗病毒胶囊抽检不合格检验依据，不能按2010年10月1日起执行的2010版药典作为依据，应按2000版药典的检验标准去检验我企业2009年生产的产品。我企业现在合作的胶囊厂家，资质证明是齐全的，产品是合格的。"在这份说明中，显而易见，肇事企业不仅回避了铬含量的问题，而且没有真诚地回应危机。①

第四，铤而走险。当危机发生后，肇事企业不是承认错误，承担责任，减少社会损失，而是进一步对抗。《每周质量报告》披露铬胶囊事件后，涉事的河北省阜城县学洋明胶蛋白厂被指用生石灰处理皮革废料进行脱色漂洗，随后熬制成工业明胶，并卖给药用胶囊生产企业。正当警方要进厂查处时，该厂综合楼突然失火。后查明，这是企业有关人士人为纵火，事前工作人员曾把不同办公室的电脑都集中到发生火灾的房间，目的是销毁证据，阻碍调查。结局当然是罪加一等。②

其实，这样的四种方法都是错误的。一旦危机事件爆发，在处理危机时，企业经营者就必须尽可能诚实地说出整个事件的真相。如果媒体发现企业经营者在危机应对中撒谎，那么这不仅让危机事件雪上加霜，而且还会激化危机事件的升级，使得危机企业为企业经营者的撒谎付出惨重的代价。

1918年，广东商人冼冠生到上海经商，创办了上海冠生园食品公司。由于其出色的经营能力，在1925年前后，上海冠生园分别在天津、汉口、杭州、南京、重庆、昆明、贵阳、成都开设冠生园分店，

---

①② 企业危机应对最重要的是坦诚［EB/OL］. 2014. http://finance.china.com.cn/roll/20120516/724420.shtml.

还在武汉、重庆投资设厂。

新中国成立后，特别是1956年，新中国社会主义私有化改造完成后，政府与冠生园公司进行公私合营。冼氏控股的冠生园股份有限公司就此解体。各地使用“冠生园”字号的企业数以百计，各自为政，互不隶属。

20世纪80年代，中国政府实行改革开放。在与其他企业的市场竞争中，南京冠生园因大幅亏损，面临倒闭（现“南京冠生园”的前身是原上海冠生园公司南京分店）。

为了激活南京冠生园的市场竞争力，南京冠生园于1993年引进台资，合资组建南京冠生园有限责任公司——南京地方政府以品牌和原有实物资产占40%的股权，台商则实际出资700万元占60%的股权。台商吴震中聘任总经理和其他要职，南京冠生园原核心管理人员均被内退。在这样的背景下，南京冠生园的经营活动完全被台商吴震中控制。

合资后，南京冠生园转亏为盈，每年营业增长，连年获利。南京冠生园在吴震中的经营下发展为南京市政府核定的240家大中型企业之一。南京冠生园的发展也从此走上了快车道，在近90个大中城市及全部直辖市都有销售网络，成为了真正的全国性食品品牌。

从1993年以后，为了节约成本，南京冠生园开始着手回收没有卖完的月饼，等来年再用。这自然引起了不少南京冠生园老职工的强烈反对，但台商吴震中实行高压式管理，特别是对不服从这项命令的员工以下岗处置。

在1993年南京冠生园合资以前，南京冠生园老厂共有466名职工。合资后，吴震中就以各种理由为名开除了90名员工，对154名员工拒签新的劳动合同。

被吴震中威胁的南京冠生园员工尽管不同意其做法，但也只是私下表达不同意见。吴震中以为辞退员工就可以封锁此消息，然而，这

条消息还是在2000年中秋节前传播了出去。一些被南京冠生园辞退的员工向南京某广播频道反映，南京冠生园回收上年的月饼进行再使用，南京某广播电台主持人前去南京冠生园公司采访，却遭到吴震中的指责和威胁。吴震中声称，可以随时让其下岗。

吴震中的威胁并没有奏效，而之后又有多路记者进行了暗访。从2000年8月开始，多路记者对南京冠生园进行了断断续续一年时间的拍摄，记录了回收再加工的整个过程。

2000年10月24日，剥出的月饼馅翻炒入库。

2001年7月2日，保存一年的馅料出库。

2001年7月18日，旧馅加工的新月饼销往各地。

2001年9月，中央电视台播出"南京冠生园月饼"报道。

2001年9月3日，南京知名食品企业冠生园被中央电视台揭露大量使用霉变及退回馅料生产月饼。该事件被曝光后，震惊了华夏大地。南京冠生园也因此接连受到多家媒体与消费者的批评。

面对即将掀起的产品危机，南京冠生园做出了让人不可思议的反应。台商吴震中矢口否认："我们从来没有用回收来的月饼馅再炒制作新馅，只是用去年没用完的馅。"

2001年9月10日，南京冠生园发表致广大消费者的公开信，声称报道不但歪曲事实而且完全失实。

而后，吴震中还公开指责中央电视台的报道蓄意歪曲事实、别有用心，并在没有确切证据的情况下振振有词地宣称使用陈馅做月饼是行业内普遍的做法。这种背离事实、推卸责任的言词，令人们一片哗然。

一时间，媒体公众的猛烈谴责、同行企业的严厉批评、消费者的投诉控告、经销商的退货浪潮等等，令事态严重恶化，也导致南京冠生园最终葬身商海。

在南京冠生园的这个危机案例中，当南京冠生园公司大量使用霉变及退回馅料生产月饼危机事件爆发后，在整个事件过程中，台商吴震中缺乏应有的危机管理办法。

在事实已经很清楚的情况下，吴震中既没有承认陈馅月饼的事实，也没有主动与媒体和公众进行善意沟通，赢得主动，把危机制止在萌芽阶段，他反而坚决否认，甚至公开谴责并威胁将其曝光的中央电视台。

回顾南京冠生园的危机事件就会很清晰地知道，当“月饼馅”危机事件曝光后，南京冠生园的实际掌权者吴震中回应危机的办法，就是在相关媒体上发表公开声明——“南京冠生园公司绝没有使用发霉或退回馅料生产月饼……冠生园人坚信中国是法治国家，执法部门会依法对这一事件做出公正结论。对蓄意歪曲事实、毁损我公司声誉的部门和个人，我公司将依法保留诉讼的权利。”

南京冠生园的实际掌权者吴震中在“月饼馅”危机公关中的表现违背了危机处理的原则，缺乏应对危机意识，结果使南京冠生园的产品遭到了消费者的唾弃。

事实上，当南京冠生园“月饼馅”危机爆发后，实际掌权者吴震中是完全可以避免危机态势的蔓延的，遗憾的是，南京冠生园却错过了这个时机。南京冠生园采用中国企业常用的危机处理方法，在坚决否认其产品质量问题的同时，又自作聪明地企图将事件焦点转移到同行和消费者身上，最终惹来更大的麻烦。2000 年 8 月，中央电视台记者采访了南京冠生园公司总经理吴震中，内容如下：

> 吴震中：“全国范围这是一种普遍现象。月饼是季节性很强的产品，每个厂家都想抢月饼市场。这个市场很难估量，没有一个厂家做几个卖几个，都用陈馅做新馅 。”
>
> 记者：“您觉得这样做合不合法，合不合情?”
>
> 吴震中：“我本身也不是做食品的，但这几年我对食品慢慢了解了。政府在法规条文里没有一个明确规定说这个可以做那个不能做，

但从消费者意识来讲，厂家不能公开地这样讲。”

吴震中在接受央视记者采访时，竟然声称陈年馅月饼是行业的普遍现象。吴震中的这种解释激起了月饼生产企业的强烈不满，更加激化了南京冠生园与消费者的矛盾，也就是此地无银三百两了。

中国社会科学院世界经济研究所覃东海博士分析说：“对企业来讲，我觉得他们自身可能还是缺少这种应急管理机制，特别是在我们国家。确实，对企业来讲，无论自己是对是错，在问题没有搞清楚之前，有一个坦诚的态度总是好的。”

第二节　及时披露相关真相

在危机事件的处理中，一般除了危机事件本身造成的各种影响外，媒体危机是不能忽视的。在危机事件中，媒体往往会对危机事件推波助澜。因此，企业经营者在处理危机时，一定要处理好媒体危机。

在“第九届中国企业领袖年会”上，凤凰卫视控股有限公司董事局主席刘长乐举例说：“我觉得英国石油公司应对危机时存在三个主要问题：第一，不能直面危机，在应对危机问题时总是躲躲闪闪；第二，处理危机非常不及时；第三，缺乏社会责任感和责任心。尽管英国石油公司CEO当时付出5 000万美元广告费想做企业形象调整，但是石沉大海。在媒体权力不断放大的情况下，媒体在追逐自己权力提升的过程中，对危机的处理确实也有不客观、比较片面的情况发生。”①

刘长乐还告诫中国企业经营者说：“正是因为如此，我觉得危机处理对一个企业更为重要。通过英国石油公司这事，我们在危机处理方面应该有这么几条体验：第一，一定要及时面对，千万不要晚，当危机出现的时

① 刘长乐．企业处理危机要快速并且坦诚［EB/OL］．2010．http://finance.sina.com.cn/hy/20101205/16119057161.shtml.

候处理得越快越好，最好在24小时之内进行及时处理。第二，在危机处理过程中一定要坦诚，一定要透明，不要藏藏掖掖，不要躲躲闪闪。第三，态度一定要谦恭。像英国石油公司的CEO太傲慢了，所以美国人很不喜欢他。他或者沉迷于打高尔夫球，或者到处溜达找不到本人，美国人非常恼火。奥巴马都去了好几次现场他还不出现，这样一种态度非常令人遗憾。当然，最后他也采取了很多措施，也花了很多钱想补救，但是为时已晚。《华尔街日报》的鲁宾写了相关文章进行批判，表示到了要踢英国石油公司CEO一脚的时候了，这一脚踢过去他就倒台了。这是非常深刻的一个教训，也值得我们每一个企业家警惕。”①

在刘长乐看来，当危机事件爆发后，企业经营者在任何时刻都必须正确面对危机事件，及时向媒体披露相关真相。

这样做不仅赢得了消费者的理解和尊重，而且还尽可能地避免了危机事件的蔓延，减少了危机事件对企业的损害。因此，这就要求企业一旦出现危机事件，企业经营者必须及时地召开新闻发布会，在表达对消费者的道歉的同时，还公布危机事件的解决方案，比如采取停止产品销售、召回等措施。

在实际的危机应对中，坦诚地应对危机是减少危机影响的一个有效措施。在很多时候，企业经营者必须明白，危机事件中不管对与错，都必须适时地公开真相，增加危机事件的透明度。在很多危机事件中，消费者一般很难认可遮遮掩掩和躲避事实的企业。对此，厦门大学新闻传播学院副院长、教授、博士生导师陈培爱告诫中国企业经营者说：“三鹿危机事件提醒民营企业老板在生产经营活动中要天天敲响警钟，要有应对突发事件的能力，并以坦诚的态度面对危机。”

可能有读者会问，作为企业经营者，在企业遭遇危机事件时，应该如何正确地处理危机事件？方法主要有以下4个，见表16-1。

---

① 刘长乐．企业处理危机要快速并且坦诚［EB/OL］．2010．http://finance.sina.com.cn/hy/20101205/16119057161.shtml.

表 16-1　　处理危机事件的 4 个方法

1	当危机事件爆发后，企业经营者要尽可能避免危机事态的进一步扩大和蔓延。必须积极主动地采取停售、问题产品下架、召回等办法，从而避免危机事件的升级
2	当危机事件爆发后，企业经营者必须组织一切人力物力对危机事件进行调查，尽快查明危机的症结所在，从而有针对性地及时纠正错误，杜绝产品和服务出现新的差错，真正对消费者负责
3	当危机事件爆发后，企业经营者必须尊重消费者的知情权。一旦危机事件得以确认，企业必须开诚布公，承认产品或者服务存在问题，主动地承担责任
4	企业经营者要适时地向社会和公众说明危机事件的真相，有针对性地宣传企业品牌，将危机事件对企业信誉的伤害降到最低

第十七章 不要等到危机发生时才匆忙应对

在很多危机事件中，通常都是危机发生后企业经营者才匆忙应对。企业经营者这样的做法显然达不到危机管理的预期效果，如英国石油公司引发的墨西哥湾石油泄漏事件。这个案例还告诉中国企业经营者，在此次危机处理中不仅企业做得不好，美国政府也做得不好。美国政府在危机处理方面也比较滞后，所采取的方法也出现很多问题和瑕疵，但是更严重的问题来自英国石油公司本身，其没有及时做媒体工作。①

这样的危机管理方法肯定是存在问题的。复旦大学管理学院原院长郑祖康坦言："只有居安思危，才能做到转危为安、生机盎然！优秀的商业管理者都应当时刻有强烈的危机意识和熟练的化解技巧。"

在郑祖康看来，优秀的商业管理者可以很好地化解危机，即使在危机发生后也不会匆忙应对，而是有条不紊地按照危机预警方案进行应对。

---

① 刘长乐．企业处理危机要快速并且坦诚［EB/OL］．2010．http://finance.sina.com.cn/hy/20101205/16119057161.shtml.

第一节　化险为夷在第一时间

不管是世界500强企业，还是中小企业，既然危机事件已经发生，那么解决危机事件最好的办法就是“化险为夷在第一时间”。然而，尽管中国古代的很多典籍上都记载了危机及其方法，但是诸多中国企业经营者却不大重视。其中，碧桂园长沙威尼斯城联排别墅危机就凸显了企业经营者对危机的应对乏力。

总部位于中国广东省佛山市顺德区的碧桂园，诞生于1992年。碧桂园经过20多年的发展，已发展成为一个拥有4万多名员工、下属机构涉及房地产开发各个环节的大型综合房地产企业。碧桂园品牌在品牌价值实验室编制的2010年度中国品牌500强排行榜中排名第71位，品牌价值已达84.13亿元。

就是这样一个巨型企业，却爆发了一场危机。2009年12月初，碧桂园在湖南省省会长沙开发的大型项目——威尼斯城联排别墅多次出现质量问题。

作为开发商的碧桂园在出现质量问题后，不但没有积极处理该危机事件，也没有解决业主提出的合理要求。

在交涉无果之后，业主罗邵波向各大媒体爆料，长沙威尼斯城联排别墅有严重的质量问题，这才使得在冰山下的碧桂园长沙威尼斯城联排别墅的“质量门”浮出水面。

其实，罗邵波购买的别墅出现质量问题并非个案，媒体采访广大业主后得知，长沙威尼斯城联排别墅出现质量问题的别墅非常多。很多业主称，他们所在的小区的房屋返工率竟然高达300%；同时，异地碧桂园部分项目也被媒体曝光，此刻的碧桂园地产已经陷于“质量门”危机事件中。

在“质量门”危机事件被曝光后，2009年12月9日、10日，受

累于“质量门”事件，碧桂园公司股票连续两日大幅缩水，市值蒸发近40亿港元。

在上述案例中，当碧桂园长沙威尼斯城联排别墅出现质量问题后，公司高层并没有在第一时间内对该危机事件做出任何回应，致使碧桂园公司股票连续两日大幅缩水，市值蒸发近40亿港元。

在消费者看来，碧桂园没有回应质量问题就是不积极承担事件责任的直接体现，碧桂园没有与长沙威尼斯城联排别墅众业主及其广大公众进行真诚沟通就是想隐藏真相。可以看出，碧桂园在“质量门”危机事件中的应对方法与其知名地产公司的地位极不相称。

令人遗憾的是，当长沙威尼斯城联排别墅“质量门”事件发生后，碧桂园高层没有采取主动应对危机事件的措施，只是采取一味回避、网络屏蔽手段来应对“质量门”危机事件。因此，碧桂园公司股价的持续低迷，可谓是对其回应最直接的反应。

从长沙威尼斯城联排别墅“质量门”事件可以看出，一旦危机事件爆发，企业经营者应该果断地做出积极回应，迅速查找危机事件问题的源头，然后进行舆论疏导，把好用户满意和媒体满意这两关。

当然，在积极疏导媒体和消费者的同时，企业经营者还要组织公关团队迅速查找产生问题的原因，主动约见媒体，态度坦诚地告知事实真相，并提供危机解决方案，以便在尽可能短的时间里取得消费者和媒体的理解和支持，转危为安。①

第二节　危机应对绝不能靠拖延

面对企业危机事件，有针对性地沉默是可以的，但是如果一味地采取沉默或者应付差事的态度应对危机事件，这样的应对方法是要不得的。

① 如何应对企业危机［EB/OL］. 2014. http://www.sjtupmm.com/art-4285.html.

有读者可能认为，中国企业经营者要么缺乏危机处理经验，要么缺乏危机处理意识，因此这样的危机应对是可以接受的。其实，这样的想法就大错特错了。缺乏危机处理经验或者缺乏危机处理意识不是错误地应对危机的借口。

事实上，不管企业是否遭遇危机事件，企业经营者都应该准备若干种预案来应对危机事件。特别是当危机发生时，更应该在第一时间处理危机，哪怕是董事长在外地也要赶赴危机事发地，不要等到危机发生许久才匆忙应对，那样的话，危机造成的后果将无法补救。因此，为正确处理危机事件，在最佳时间处理危机是较好的策略。为此，危机管理专家撰文指出，一旦危机爆发，应采取如表17－1所示的积极应对措施。

表17－1　　危机爆发后的8个积极应对措施

1. 临危不乱	当企业危机事件突然爆发时，企业经营者必须力挽狂澜，尽可能临危不乱，有效地看清楚危机事件的根源，在第一时间迅速做出判断，并制定相应的危机应对方案，从而进行有效的应对
2. 重视内部公关	在企业危机事件爆发后，关注危机事件发展的不仅仅是媒体和相关当事人，其实相关的利益群体也非常关注。企业经营者一旦不适时地对员工进行危机事件的引导，那么就极有可能被媒体找到负面报道的机会
3. 积极应对，主动承认	在企业危机事件爆发后，不管面对何种性质、类型及起因的危机事件，企业经营者都必须主动承担相应义务，积极进行危机事件处理
4. 主动出击，扶正消负	企业危机事件一旦发生，企业经营者在积极应对危机事件的同时，还必须“主动出击，扶正消负”，有效地树立正面形象，消除负面影响
5. 以诚相待	当面对企业危机事件时，企业经营者必须开诚布公地说明危机事件的真相，诚恳地接受媒体或者消费者的批评，这样才能有效地淡化矛盾、转化危机
6. 权威公断	在某些企业危机事件中，企业经营者还必须邀请比如中国消费者协会、质量技术监督局、媒介等公正性、权威性机构来协助解决危机事件，有效控制危机事件的良性发展，转危为安
7. 协调关系	当企业危机事件发生后，企业经营者必须正确、全面地处理好与受害者、新闻界、主管部门、经销商和企业内部的关系。这将影响危机事件的处理效果
8. 化险为夷，重树形象	当企业危机事件发生后，企业经营者既要解决当前企业的危机事件，又要加强企业形象的塑造

第十八章 危机管理重在防范

纵观中国的企业危机案例不难发现，由于企业经营者在处理危机时优柔寡断，毫不重视，直接使得危机进一步恶化。因此，要想有效地避免危机带来的影响，必须重在防范，因为有效地实施危机管理是应对未来不确定性的重要举措，其目的在于积极主动地发现并预防突发性、未知性因素，消解其破坏力，保证企业业务的正常运行，尽可能减少商业损失和品牌损耗。①

研究发现，在企业危机之前，都会产生一种征兆，这是解决危机事件的一个关键时期，如果处理不好，自然会引发危机事件的蔓延，无疑会引起企业组织在一个阶段内的动荡不安。正如张瑞敏所言："海尔注重问题管理而非危机管理模式，目的就是把企业出现的任何危机问题消灭在萌芽阶段。"

① 曹樱乔，董祺. 危机管理重在预防［EB/OL］. 2014. http://www.360doc.com/content/14/0117/12/535749_345927281.shtml.

第一节　事中控制不如事前控制

在企业经营中，危机管理极具综合性，涉及产品研发、质量控制、媒体推广、人员管理、流程管理等多个方面，绝不仅仅是企业管理那么简单。

当然，在所有的危机管理中，最好的危机管理就是重在防范。我们先从《扁鹊见蔡桓公》这个小故事说起：

扁鹊见蔡桓公，立有间，扁鹊曰："君有疾在腠理，不治将恐深。"桓侯曰："寡人无疾。"扁鹊出，桓侯曰："医之好治不病以为功！"

居十日，扁鹊复见，曰："君之病在肌肤，不治将益深。"桓侯不应。扁鹊出，桓侯又不悦。

居十日，扁鹊复见，曰："君之病在肠胃，不治将益深。"桓侯又不应。扁鹊出，桓侯又不悦。

居十日，扁鹊望桓侯而还走。桓侯故使人问之，扁鹊曰："疾在腠理，汤熨之所及也；在肌肤，针石之所及也；在肠胃，火齐之所及也；在骨髓，司命之所属，无奈何也。今在骨髓，臣是以无请也。"

居五日，桓侯体痛，使人索扁鹊，已逃秦矣。桓侯遂死。

在这个故事中，蔡桓公的死就是一个典型的危机事件。人才扁鹊在发现危机后，向老板蔡桓公禀报。蔡桓公却置之不理，甚至还说："医生喜欢给没有病的人治病，把治好'病'作为自己的功劳！"

当危机事件慢慢发酵后，扁鹊以"君之病在肌肤，不治将益深""君之病在肠胃，不治将益深"之语将危机事件的严重性告知蔡桓公，蔡桓公的态度是不应。

当扁鹊以"疾在腠理，汤熨之所及也；在肌肤，针石之所及也；在肠胃，火齐之所及也；在骨髓，司命之所属，无奈何也。今在骨髓，臣是以

无请也”之语告知蔡桓公时，居然还没有引起他足够的重视，结果以蔡桓公的死亡结束了这场危机。

当扁鹊在老板蔡桓公死前35天告知该危机事件时，一旦老板蔡桓公采取积极的措施，这个危机事件就可以被控制，但蔡桓公却错过了最佳时机，让危机事件扩散到了不可收拾的地步。当然，扁鹊因为该事件名声大振，诸侯都赞赏扁鹊的医术，但扁鹊却称其长兄医术最佳。扁鹊知道，事中控制不如事前控制。

当扁鹊的名声传播出去之后，魏文王本想夸赞扁鹊，却故意问扁鹊说：“你们家兄弟三人，都精于医术，到底哪一位医术最好呢?”

扁鹊答曰：“长兄医术最好，中兄医术次之，我医术最差。”

魏文王再问：“那么为什么你的医术最出名呢?”

扁鹊答曰：“长兄治病，是治病于病情发作之前。由于一般患者不知道他事先能铲除病因，所以他的名气无法传出去；中兄治病，是治病于病情初起时。一般患者以为他只能治轻微的小病，所以他的名气只及本乡里。而我是治病于病情严重之时。一般患者都看到我在经脉上穿针管放血、在皮肤上敷药等大手术，所以以为我的医术高明，名气因此响遍全国。”

在今天，我们只记得扁鹊的医术，却不知道扁鹊两个哥哥的医术，这或许是我们不重视危机意识的一个最好体现。不过从这个小故事中我们可以得出一些启示：对于任何一个危机事件来说，不管开始时扩散范围是大是小，事后危机应对不如事中控制，事中控制不如事前控制。

在危机事件中，防范要重于应对，因此，企业经营者必须对危机事件防患于未然，尽最大可能去化解经营中的潜在危机事件。切不可像上述故事中的蔡桓公那样，由于缺乏危机防范意识而造成不好的后果。在这里，需要提醒像蔡桓公一样的企业经营者，不要总是等到危机事件发生之后，特别是错误决策造成重大损失之后才寻求危机应对的方法。尽管有时候能

够应对危机，但是有些危机事件却是亡羊补牢，为时已晚，企业最终为危机事件付出了惨重的代价。

第二节　企业危机事件的三个等级

在应对危机的过程中，制定一套完善的危机预警方案是必要的。首先要确定什么是企业的危机，不能草木皆兵。美国危机管理学院（ICM）对危机的界定是：对企业的正常活动造成重大干扰，并且由此导致媒体进行了大量的负面报道，引起公众广泛关注，进而造成政府干预，产生法律纠纷，造成财产损失的事件。①

企业危机事件一般分为三个等级：第一，一般事件。所谓一般事件是指，当非常规问题出现时，企业危机管理小组应立即关注，如消费者投诉。在出现这类问题时，消费者所投诉的问题应该及时解决，这样企业危机发生的可能性就不大，往往不会产生较大影响。消费者投诉一般只是不满意产品质量或者服务，不会出现重大人员伤亡或财产损失，但是一旦不能有效地解决消费者投诉，引发的危机后果就相当严重。

第二，紧急事件。所谓紧急事件是指，产品引发人员伤亡或者财产损失，此刻，企业重大危机事件已经发生，需要企业经营者拿出具体的危机解决方案，积极应对已经发生的重大危机。

第三，重大危机事件。当上述两种危机事件已经无法控制，甚至在相当大的范围内对企业产生负面影响时，就说明出现了重大危机事件。一般地，产生这样的危机事件，主要问题还是源于企业对前面两种危机事件的不重视，忽略其发生的可能性，甚至是对其危害性估计不足。

不可否认，产生如此严重的危机事件，主要还是因为危机预警和管理没有得到足够重视，特别是欠缺危机识别能力。

---

① 郭惠民．危机管理　重在防范［N］．中国信息报，2006-10-11.

在危机事件处于第一等级和第二等级时，一定出现过诸多征兆，只不过企业经营者没有有效地解决好，所以才出现了第三等级的情况。如果企业经营者在此前能够处理得当，那么可以减少危机事件对企业声誉造成的重大损失。

对此，英特尔前任总裁兼 CEO 安迪・格鲁夫在接受媒体的采访时坦言："危机如同 SARS 病毒一样，预防与控制是成本最低、最简便的方法，但它常常被忽视。优秀的企业安度危机，平庸的企业在危机中消亡，只有伟大的企业在危机中发展自己。"

事实证明，对于任何企业来说，只要是危机，不管是第一等级、第二等级还是第三等级的危机，它们在爆发前都或多或少、或迟或早出现过危机的预警信号。在很多时候，正是由于企业经营者的疏忽大意，使得危机等级发酵，结果造成重大的危机事故。

不可否认，一些企业经营者对危机管理的不重视使得危机预警信号没有被及时发现。当然，企业经营者更为关心的是如何及时地、准确地捕捉到诱发危机事件的信息，及早地采取有效措施避免其演变成重大危机事件，这就需要企业经营者有效地识别危机，因为这是企业危机管理中的一个关键环节。

在有效的危机管理中，事前防范优于事后危机应对。在潜在危机出现后，如果企业经营者能够识别并采取有效措施将潜在危机"化解"在萌芽状态，无疑这样的危机管理方式付出的成本是最低的。

当然，识别危机的关键在于企业经营者。如果在危机事件尚未全面爆发时，企业经营者就敏感地、快速地识别出潜在的危机，将危机事件化解于无形，其收益将非常巨大。

大量事实证明，在企业存在潜在危机时，一旦企业经营者不能及时采取有效措施进行危机应对，则潜在危机有可能演变成巨大的危机事件，企业甚至会为之付出惨重的代价。

遗憾的是，许多中国企业的中高层管理人员普遍面临危机识别能力和危机处理能力薄弱等"通病"。如果将能从诸多潜在危机中正确识别出 5 种或5种以下者界定为低危机识别能力者，将能正确识别出6～10种者界定为中等危机识别能力者，将能正确识别出10种以上者界定为较高危机识别能力者，则根据这一划分，有72.6%的被访者属于低危机识别能力者，9.4%属于中等危机识别能力者，仅有18.0%属于较高危机识别能力者①，见图18-1。

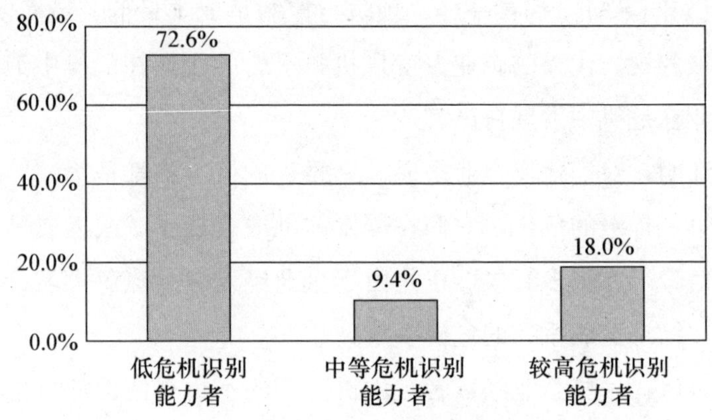

图18-1　企业中高层管理人员危机识别能力

上述这组数据足以说明中高层管理人员危机识别能力非常薄弱。在很多企业中，中高层管理人员的危机识别能力通常较弱，在危机识别过程中还具有一定的短视性，表现在对于与企业的生产经营和效益具有非常直接关联的危机，如人力资源危机和产品服务危机等具有较高的敏感度，而对于并购、诉讼、工作事故、天灾人祸等与企业的经营和收益间的关联似乎不那么直接的危机的敏感度相对较低。②

在不同规模的企业中，中高层管理人员的危机识别能力没有显著差异。不过，规模越大的企业，其中高层管理人员的危机识别能力越强。来自零点公司的调查数据显示，在较小规模的企业中，很多中高层管理人员只具备低危机识别能力。在小规模企业中，仅有12.5%的中高层管理人员

①② 陈贺新. 中国企业危机调查报告：半数企业处于危机状态［N］. 中华工商时报，2004-06-04.

具有较高的危机识别能力。①

在不同性质的企业中，中高层管理人员之间的危机识别能力也没有显著差异，但是，从总体趋势来看，合资企业中的中高层管理人员的危机识别能力较强，私营企业和国有企业中的中高层管理人员的危机识别能力较弱。②

第三节　确定危机可能发生的概率

可以肯定地说，没有任何一个企业经营者欢迎危机事件，哪怕一个小小的危机事件。但是危机事件并不因为企业经营者的厌恶就不光临某个企业，很多企业由于危机爆发过于突然而陷入尴尬境地。像一些关乎人类生命与健康而备受关注的食品、药品企业，其爆发危机事件的概率更高。正因如此，有关危机管理的案例频频出现，可谓屡见不鲜。

在媒体报道中，一些著名的企业几乎是轮番遭遇不同性质、不同内容及不同程度的危机。某跨国公司企业事务经理坦言，被媒体曝光的危机事件是凤毛麟角，不胜枚举的危机早已在媒体曝光之前就被企业“扼杀”在萌芽状态了。

在该企业事务经理看来，虽然危机的到来常常比较突然，但事前总会有一些征兆。通过相应的分析预测，在危机临近之际及时将其阻挡在大门之外是规避风险的另一良方。如在跨国公司的管理程序中有一个通行的做法，就是进行“发展趋势分析”，通过对客户投诉等情况进行数据分析，研究并预测未来一段时期内企业各方面的发展趋势。即使目前尚不存在什么问题，但如果发展趋势出现了偏差，也必须及时纠正。通过这种方法，企业也能够将可能出现危机的风险降到最小。③

因此，在应对危机的过程中，当企业经营者识别出了企业存在的潜在

①② 零点公司. 人事危机是企业最经常面临的危机［J］. 人力资本，2004（2）.

③ 张旭. 危机管理：重在预防与处理［N］. 中国医药报，2006-04-06.

危机时，可以通过各种危机识别信号来确定危机可能发生的概率以及它对企业的冲击度。在日常的危机预测中，其步骤主要有如下三个：

第一步，确定企业危机可能发生的概率。对侦测和搜集的各种危机信号进行评估，确定可能导致危机发生的源头。然后，将可能发生的源头一一列举，由危机管理小组进行打分测评，评估危机发生的概率，如图 18－2 所示。

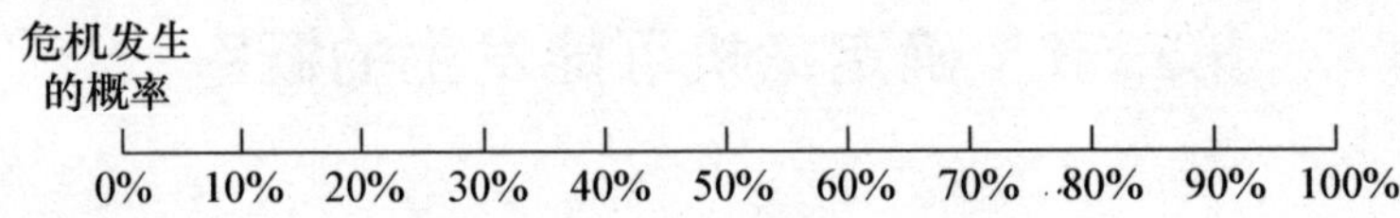

图 18－2　评估危机发生的概率

在预测中，数字从 0％到 100％，其中 0％意味着绝对不可能发生危机，100％意味着绝对会发生危机。

第二步，测定危机冲击度。所谓危机冲击度是指危机发生后不对其进行干预所产生的损害。一般地，冲击度以 0～10 表示对企业影响的大小，企业经营者以此来测定冲击度。通常，由企业总经理和各部门负责人清查可能发生的企业危机。在清查危机时，给企业确定的潜在危机点客观打分。当然，打分必须遵循如下原则：危机对企业造成的影响越大，危机的冲击度就越大；反之，对企业造成的影响越小，危机的冲击度自然越小。在测定企业危机冲击度时，危机冲击度最小为 0，最大为 10，如图 18－3 所示。

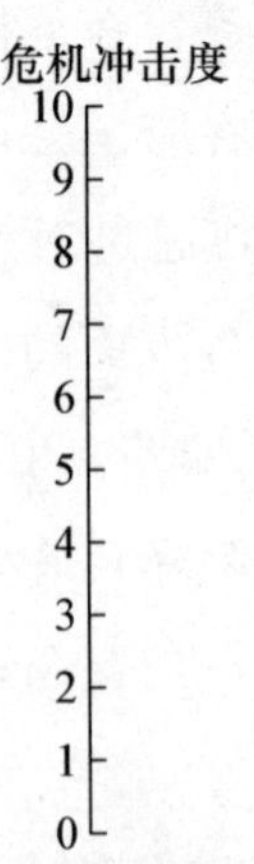

图 18－3　潜在的危机冲击度

第三步，将危机发生的概率和危机冲击度这两个因素叠加起来，构成坐标系，形成四个象限的危机分析表。利用危机分析表可以精确地测算出危机的强度与爆发的可能性，如图 18－4 所示。①

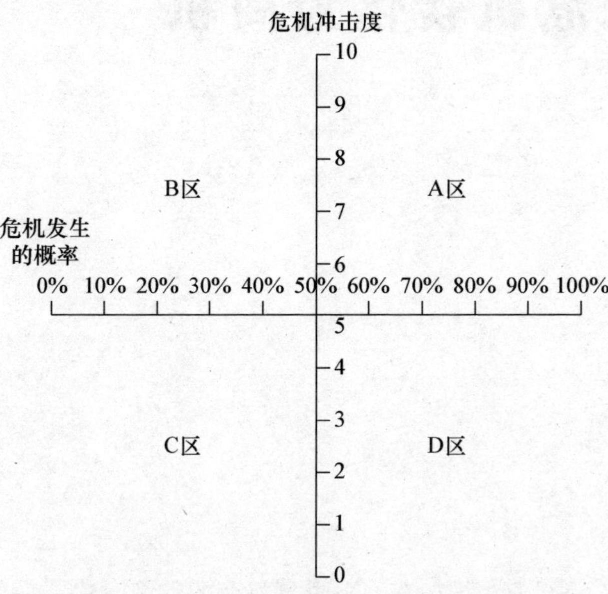

图 18－4　危机冲击度与危机发生的概率的结合区域

图 18－4 显示，如果发现潜在的危机进入了危险的 A 区（危机冲击力很大并且危机发生的概率很高），就需要立即进行危机警报，研究反危机措施，制定处理危机的实施方案，直至摆脱危机。②

①② 王肖竹. 企业危机预警机制 [J]. 商场现代化，2008 (31).

第十九章 把危机转化为商机

危机具有不可避免性，在当下瞬息万变的数字时代，一条负面的微博或博客信息，就可能让一家企业蒙羞，甚至给企业造成毁灭性的打击。

在近几年的危机事件中，如英国石油、高盛、丰田等企业的形象都因为危机事件而曾经历过重创。但是如果能及时制定出有效的危机应对策略来进行商誉危机管理，或者企业经营者能够在战略和文化建设中融入商誉危机管理，那么企业不仅可以大大降低危机带来的影响，还可以化危为机。

美国联邦调查局资深顾问丹尼尔·迪麦尔撰文指出："我们犯下的错误经常始于如何思考危机。直觉上，我们会把这类危机归类于完全负面的事件，伤害、压迫、压力或灾难等字眼自动地在眼前不断出现。我们应该了解，人在观念上如何看待一个问题将决定所能想出来的最佳解决之道。"

在丹尼尔·迪麦尔看来，危机往往也会同时带来转机，有时候甚至是大好机会。换言之，危机发生后的状态可能比危机发生前更好，从这个意

义上说，当危机降临时，也许正是企业的关键时刻。[①]

第一节　危机之机也是机遇之机

谈到危机管理，不能不提到老子的危机管理观。老子姓李名耳，是中国古代伟大的哲学家、思想家及道家学派的创始人。

《老子》第五十八章写道："其政闷闷，其民淳淳；其政察察，其民缺缺。祸兮，福之所倚；福兮，祸之所伏。孰知其极：其无正也。正复为奇，善复为妖。人之迷，其日固久！是以圣人方而不割，廉而不刿，直而不肆，光而不耀。"该段话阐述了危机应对的最高境界——祸兮，福之所倚；福兮，祸之所伏。意思是，祸与福互相依存，可以互相转化。在企业危机管理中，老子的危机管理思想依然可以用到，如果忽视危机中的机遇，那么企业将陷入万劫不复的深渊。在这里，我们就从三鹿的危机应对开始讲起。

三鹿倒下了，不是因为市场狭小，也不是因为产品定位不明确，而是因为其产品质量出现了严重的问题。

2008 年 9 月 9 日，媒体披露了甘肃 14 名婴儿因长期食用某品牌奶粉患有肾结石的消息。该消息在各大门户网站上引起了网民的热议。

2008 年 9 月 11 日，媒体报道湖北、湖南、安徽等多个省区也相继发现肾结石宝宝。在这些报道中，媒体不再含糊其词，而是直指三鹿奶粉。

早在 2007 年 11 月，三鹿高层领导者就已经知道三鹿奶粉含有三聚氰胺，也知道食用含有三聚氰胺的奶粉会导致婴儿患有肾结石的后果，但是仍将其肆意投放市场。

2007 年 11 月，三鹿接到消费者投诉，称三鹿奶粉存在质量问题。

---

① 丹尼尔·迪麦尔. 如何将危机转化为商机［J］. IT时代周刊网络版，2013（2）.

该问题没有得到三鹿的重视，直到2008年8月，三鹿危机事件扩大后企业才开始重视。

据“三鹿内部邮件”显示，2008年8月1日下午6时，三鹿集团股份有限公司取得检测结果，这个结果出乎三鹿高层领导者的意外，那就是在送检的16个婴幼儿奶粉样品中，居然有15个样品被检出含有三聚氰胺，产品的合格率仅为6.25%。

第二天，也就是2008年8月2日下午，三鹿高层领导者分别将婴幼儿奶粉中存在三聚氰胺的有关情况向河北省石家庄市政府和新华区政府报告，并开始回收市场上的三鹿婴幼儿奶粉。

在此后的五天时间里，三鹿集团股份有限公司对送达的原料乳200份样品进行了检测，最终确认，三鹿奶粉含有三聚氰胺的最主要原因是人为向原料乳中掺入三聚氰胺。特别是当三鹿集团股份有限公司确认，因食用三鹿集团生产的奶粉导致众多婴儿患有肾结石之后，三鹿集团就已经开始启动危机公关了，企图掩饰食用三鹿奶粉导致婴儿患有肾结石的真相。

为了应对此次危机事件，三鹿邀请各方英豪开始了危机公关。北京涛澜通略国际广告有限公司在2008年8月11日向三鹿集团提出公关解决方案——安抚消费者，1～2年内不让他开口；与某搜索引擎公司签订300万元广告投放协议以享受负面新闻删除服务，拿到新闻话语权；以攻为守，搜集行业竞争产品导致肾结石的负面新闻中消费者的资料，以备不时之需。

众所周知，三鹿集团是一家中外合资公司，其最大的海外股东是新西兰恒天然公司。当恒天然公司在2008年8月得知三鹿生产的奶粉含有三聚氰胺而且婴儿在食用含有三聚氰胺的奶粉后患有肾结石的消息后，马上向中资方和石家庄市政府官员要求召回三鹿集团生产的所有奶粉。由于石家庄市政府官员试图掩饰婴儿在食用含有三聚氰胺的奶粉后患有肾结石的真相，不予正式召回，恒天然公司只好向新西兰政府和时任总理海伦·克拉克报告。

2008 年 9 月 5 日，新西兰政府得知消息后下令新西兰官员绕过地方政府，直接向中国中央政府报告此次事件。

在经过一个多月的发酵后，三鹿三聚氰胺危机事件终于爆发。

我们团队在研究了三鹿公司危机事件的全过程后得出一个结论：危机中的三鹿同样有两条路可走，一条是发展，另外一条就是覆灭。从媒体公布的事实看，含有三聚氰胺的三鹿毒奶粉事件并不是突如其来、瞬间大规模爆发的。

从 2007 年 11 月三鹿集团第一次接到消费者投诉到 2008 年 9 月 11 日危机事件大爆发，三鹿集团起码有 10 个月应对危机事件的时间。如果三鹿集团在 2007 年 11 月接到消费者反映产品有质量问题的投诉时或在 2008 年 3 月南京市发现首例肾结石婴儿病例时，就积极主动严查奶源质量，或者当发现奶源出现问题时立即停止购买有问题的奶源，立即停止生产和销售所有问题产品，同时召回受污染的产品，向受害消费者进行公平补偿，不仅可以避免危机事件的蔓延，同时还可以树立重承诺、讲诚信、敢担当的企业形象。

遗憾的是，三鹿高层领导者却没有这样做。三鹿竟然花 300 万元让某搜索引擎公司屏蔽三鹿的负面消息，企图掩盖真相。

其实，三鹿对于自已奶粉的毒性早已心知肚明。在 2008 年 9 月 11 日甘肃一名患儿死亡的情况下，三鹿仍然宣称“奶粉质检合格”“没有出售 18 元价位的奶粉”，而后因卫生部提醒消费者停止使用三鹿奶粉，才被迫“承认 700 吨奶粉受污染”，无奈启动召回。

第二节　打开危机之门，里面都是宝

美国洛克希德·马丁公司的前任 CEO 诺曼·奥古斯丁强调：“企业的每一次危机既包含导致失败的根源，也孕育成功的种子。发现、培育、收获这个潜在的成功机会，关键就在于把握危机管理的精髓。”

对于企业来说，在任何一次爆发的危机事件中，危机爆发前总是会出现很多征兆，但往往由于企业经营者对危机征兆熟视无睹，结果就错过了避免危机爆发的机会，使得危机事件经过长时间的发酵后像火山一样喷发了。

当然，作为企业经营者，若能在危机事件爆发之前将其消灭在萌芽状态那是再好不过了。这就需要企业经营者能够识别危机的征兆，建立一个完善的危机预警机制。

上海交通大学安泰管理学院院长王方华告诫中国企业经营者说："机会往往产生于对危机的化解之中。所以，危机并不可怕，可怕的是不知道危机的来临，不懂得应对危机。打开危机之门，里面都是宝。"

可能有读者会问，作为企业经营者，如何识别危机的征兆，然后化危为机呢？具体的方法见表19－1。

表19－1　　化危为机的三个方法

1. 时刻关注、搜集媒体信息，把危机消灭在萌芽状态，有针对性地引导	要想更好地识别危机，企业经营者就必须时刻关注和搜集媒体信息。一般地，传媒可以分为传统的电视、电台、报纸、杂志媒体和互联网媒体。因为媒体不仅是搜集企业危机信息的重要渠道，还是危机事件传播的重要介质，因此，企业经营者时刻地关注和研究媒体可以更好地识别和预防危机事件，可以有针对性地进行正面引导
2. 关注利益相关者的信息反馈，快速地解决存在的问题	企业经营者要想更好地识别和预防危机事件，就必须关注利益相关者的信息反馈，快速地解决存在的问题。通常企业利益相关者包括如下几个：企业投资者、客户、员工、供应商、渠道商、政府执法检查监督者等等。然而，在实际企业经营中，利益相关者对企业日常运营、生产管理、产品质量、市场营销、企业形象等方面的任何抱怨、建议、警告都应该引起危机管理者，特别是企业经营者的足够重视，他们的信息反馈往往是危机发生前最重要的信息来源
3. 敏锐捕捉企业内部的潜在信息，有针对性地进行应对	企业经营者要想更好地识别和预防危机事件，就必须时刻敏锐捕捉组织内部的潜在信息，有针对性地进行应对。一项有关危机产生根源的调查显示，85%以上的危机是由组织内部原因引起的

第二十章
打造高效的危机管理团队

纵观成百上千的企业危机案例后，我们发现，在当下，企业危机管理中的三大困境是：(1) 缺少危机管理预案；(2) 企业的高层领导者解决危机问题的能力不足；(3) 缺乏专业的危机管理团队。

危机管理专家叶东撰文指出，“不管企业制度多么完美、不管企业效益有多好，总会遇到这样或那样的危机。危机已经常态化，而要想很好地应对危机，做到遇事不慌、处变不惊，必须要有一整套危机管理的制度、应对的流程以及一支专业的危机管理团队。”

在叶东看来，在企业的实际经营中，人才始终是最为重要的。所有的企业工作都依赖于人才，危机管理也不例外。因此，建立一支专业的危机管理团队对于中国企业来说显得尤为重要，因为危机如同生病、纳税一样不可避免。

第一节　中国企业普遍缺乏高效的危机管理团队

当前由于市场竞争环境日益复杂多变，企业爆发各种危机的概率也大

大增加。在诸多危机事件中，如果公司的危机管理团队表现优异，不仅可使公司免受危机侵害，而且可化危为机，为企业未来的发展奠定坚实的基础。但是，并非所有危机管理团队都能取得令人满意的结果。如果缺乏危机管理团队，那么危机处理也就自然达不到期望的结果。①

2004年11月17日，对于巨能钙而言，这一天注定是一个伤心的日子，因为《河南商报》以《消费者当心，巨能钙有毒》为新闻标题，披露巨能公司所销售的巨能钙含有致癌的工业用双氧水——“巨能钙，是一种保健品，其主要的消费对象为儿童和中老年人，服用者达数百万之众，曾一度被认为是最好的保健品。巨能钙进军中国市场8年，创下了钙类保健品销售业绩的一个又一个神话。然而，有谁会想到，这种被神话光环罩着的知名产品，其几个品种的成分里竟然藏着一个不为人知的惊天秘密——含有对人体极具危害性的工业化学物质过氧化氢（即人们常说的双氧水，化学分子式是 H_2O_2）。”

当《消费者当心，巨能钙有毒》的报道发出后，不少媒体和网络纷纷转载。消费者开始停止购买巨能钙等钙类产品，不少药店也将巨能钙撤下柜台，巨能钙危机从河南迅速扩散到全国，巨能钙在市场上的销售一落千丈。

面对媒体的质疑，巨能公司在2004年11月18日发布公司声明，承认巨能钙产品含有微量的双氧水，但不会对人体造成危害。

巨能公司由于缺乏高效的危机管理团队，在面对危机时反应过于缓慢也就理所当然。直到第三天，也就是2004年11月19日，危机公关才正式开始，巨能公司在北京召开新闻发布会，巨能公司总工程师刘志革称，巨能钙确实含有双氧水，巨能钙在生产过程中由于工艺要求，需要添加双氧水进行消毒，由于技术限制，最终产品中会带有一些双氧水成分，但属于安全范围之内。甚至巨能公司还要求国家权威

① 王智宁，吴应宇．企业如何组建危机管理团队［J］．中国人力资源开发，2008（8）．

部门检测，同时指出事件缘起于恶意攻击，并将追究《河南商报》混淆视听、不实报道之责。

2004年11月19日下午，在巨能公司在北京召开新闻发布会之后，巨能公司又向媒体和消费者发布了一封公开信。

2004年11月19日晚上，《河南商报》予以坚决回应，称销售受损是巨能公司咎由自取。在巨能公司与《河南商报》就巨能钙的安全性进行争辩时，巨能钙在全国的销售几乎限于停顿状态。

然而在2004年11月20日该公司董事长兼总经理李成凤称，巨能钙在生产过程中没有添加双氧水。

2004年12月3日，在卫生部的检测报告称“巨能钙过氧化氢含量在安全范围内”后，巨能钙立即通过各地媒体通告了卫生部的评判意见及再致消费者一封公开信。

在卫生部检测结果公布后，巨能公司副总裁认为整个事件是北京某竞争对手策划的，《河南商报》则驳斥此种说法纯属造谣。

可以说，巨能公司在危机事件中遭受巨大损失与其缺乏高效的危机管理团队有着极大的关联。

在巨能钙危机处理案例中，巨能公司两次错过了处理危机事件的最佳时机：

其一，2004年11月16日下午，当《河南商报》报社通知巨能公司河南办事处，《河南商报》将刊发一篇关于巨能钙的批评报道时，巨能公司河南办事处负责人即前往《河南商报》报社进行沟通，表示只要《河南商报》不刊发该报道，一切都可以商量。在此刻，如果巨能公司河南办事处负责人能够给予足够的重视，将该重大危机事件汇报给巨能公司总部，并由总部派遣强有力的沟通人员和谈判人员与《河南商报》协商，这样就可能撤发该负面报道。既然《河南商报》告知巨能公司河南办事处，就表明它还是希望跟巨能公司很好地沟通，协商解决该报道中的质疑的。如果巨能公司能够抓住机会将危机事件消灭于萌芽阶段，至少是可以赢得危机处理的第

一个最佳机会的。

其二，当巨能钙含有致癌的工业用双氧水的负面报道被《河南商报》披露后，巨能公司应该明白，作为媒体的《河南商报》质疑任何产品的问题，不仅是媒体的职责，更是媒体监督社会及产品质量的一个重要窗口。因此，必须组建一个沟通团队做好以下工作：第一，停止销售一切嫌疑问题产品；第二，主动与更多的媒体沟通，表明在产品中为什么存在双氧水；第三，必须跟《河南商报》沟通，真正解释《河南商报》的质疑；第四，必须积极主动与经销商、顾客、政府沟通，阐释产品的安全性；第五，让权威部门检查产品的质量；第六，邀请第三方介入产品质量的督察。

纵观巨能公司的危机应对措施，尽管其在短时期内迅速做出对《河南商报》披露的巨能钙含有致癌的工业用双氧水的负面报道的回应，但过多通过驳斥、指责甚至说要起诉《河南商报》来应对危机，这样的危机处理方法无助于解决危机事件。这就错过了第二个最佳的危机处理时机。

当然，不可否认的是，卫生部的检测结果证明了巨能钙产品的质量安全，但是整个事件对巨能公司所造成的影响是巨大的。在21世纪初，钙类产品多如牛毛，许多消费者在明知其他产品不含有双氧水的情况下，是绝对不会去购买媒体披露的含双氧水的产品的。

从以上内容很容易看出，巨能公司的危机公关处理能力实在薄弱。巨能钙双氧水危机警示中国企业经营者，对于部分企业来说，由于实力有限，只靠企业经营者来处理企业危机是不够的，必须依靠企业团队来应对，这样才能更加有效地处理企业危机。

第二节　构建高效的危机管理团队并非不可能

对于任何一个企业来说，要想在任何一个危机事件中最大化公关的作用，不仅要求企业经营者加强危机事件公关的协调指挥工作，还必须充分

发挥危机事件公关的核心领导机构——危机管理团队的决策和应对作用。

事实证明，当危机事件爆发后，危机管理团队的决策水平和应对能力都将决定危机事件的控制进程和处理结果。

可能读者会问，作为企业经营者如何建立一支高效的危机管理团队呢？具体方法见表 20－1。

表 20－1 构建高效的危机管理团队的五个方法

1. 有具有足够权威的高层管理者专门负责危机管理	对于那些危机防范意识较强的企业来说，在日常运营过程中通常都有具有足够权威的高层管理者专门负责危机事件的管理工作。当然，该高层管理者不仅要具有足够的协调能力和指挥能力，并且该管理者还应获得企业总经理的足够授权来应对多如繁星的危机事件
2. 设置首席危机官	为了有效地提高危机事件的管理效率，很多企业专门为危机管理设置了一个名叫首席危机官的岗位（chief crisis official，简称 CCO）
3. 制定首席危机官制度	为了更好地应对危机事件，很多世界 500 强企业都制定了首席危机官制度。一般地，除了首席危机官本人之外，实际上首席危机官还领导着三个危机小组：①紧急应对小组，主要任务是在危机爆发后解救最紧迫的危机事件受害者；②危机处理小组，主要任务是在危机爆发后最大可能地消除危机事件的负面影响；③营运持续执行督导小组，主要任务是在危机爆发后保证企业的正常运营
4. 让危机管理组织成员负责具体的危机应对策略	在危机事件的应对中，首席危机官必须让危机事件管理相关工作成员负责具体的危机应对策略
5. 按照危机管理计划书执行	在危机事件的应对中，必须按照危机管理计划书执行。大多数世界 500 强企业都有一份危机管理计划书。该文书规定，公司一旦发生危机，根据危机类型和级别最终确定由谁出任首席危机官

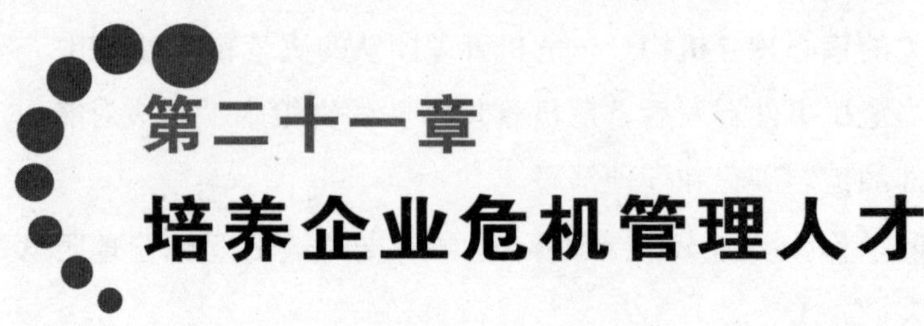

第二十一章
培养企业危机管理人才

要想使得企业基业长青、永续经营下去，就必须有效地应对发展中的种种危机。在危机应对中，最为关键的是培养企业危机管理所需的人才。

危机管理专家魏然撰文指出："事实上，处理危机事件，关键在人。面对危机，拥有充足的人力资源是重中之重。在很多中国企业家眼里，危机是无法预测、无法管理的，因此他们不可能为此设立专门的管理机构，当然也没有这方面的人才准备。因此，一旦发生危机事件，中国企业经营者往往六神无主，惊慌失措，继而导致应对失策，全盘皆输。"

在魏然看来，只有培养企业危机管理人才，才可能有效地应对企业发生的危机。因此，培养企业危机管理人才是摆在企业经营者面前的一个亟待解决的问题。

第一节　人是处理危机事件成功与否的关键

在很多企业危机管理中，管理人才发挥了非常重要的作用。可以说，那些伟大的企业就是因为拥有卓越的危机管理人才，才可以在危机事件中有出色的

表现。

不可否认的是，中国企业要想有条不紊地应对企业危机事件，企业经营者就必须有针对性地培养企业危机事件管理所需要的人才，因为只有储备危机管理人才，多如牛毛的企业危机事件才有可能在最短的时间内被化解。相反，由于缺乏危机人才，危机事件可能会因此蔓延开来。不信，我们就拿一个真实的案例来分析。

2009 年 11 月，尽管北京已经提前供暖，但是接连两天的暴雪令北京建外 SOHO 东区的业主们寒冷无比，室内温度只有零上 3 摄氏度。这样的温度让 SOHO 中国地产公司跌入了一系列冰冷的诚信危机之中。

2009 年 11 月，SOHO 中国旗下北京建外 SOHO 项目因为拖欠电费、水费、供热费等多项费用而被停暖、停热水，导致本案例开头建外 SOHO 东区室内温度只有零上 3 摄氏度的事情发生。

北京电力公司已经向 SOHO 东区的住户发放了欠费停电通知书，表示自 2009 年 11 月 18 日上午 8 时开始，随时对建外 SOHO 东区采取停电措施，停电范围为建外 SOHO 东区 2 栋写字楼用电、9 栋公寓楼的电梯和水泵等公共部分用电以及 4 栋小商业楼用电，但公寓楼居民生活照明用电可以得到保证。

“停电门”危机继续发酵，在新楼盘嘉盛中心刚开盘时，就有自称被骗的 20 余名业主打着横幅到嘉盛中心售楼处，劝在嘉盛中心看房的顾客不要购买潘石屹所建的房子。

之后，甚至还有业主大声高喊“潘石屹，大骗子”的口号，并且进行了堵门示威的行为。

尽管建外 SOHO 早已清盘，但“停电门”事件的爆发仍然给开发商 SOHO 中国带来了很大的声誉危机。

在上述案例中，大众并不知晓建外 SOHO 东区停暖、停热水的内部实

情。面对“停电门”事件，潘石屹在其个人博客上对事件进行了说明，说他居住的建外SOHO小区在北京下雪的那天断电停暖，社区当时停暖、停热水，室内温度不足3度，已经到了崩溃的边缘。

潘石屹还在博客中将重点放在了对问题根源的分析上，指明两家物业公司的纠纷是本次意外停电停暖事件的根源。潘石屹发博客的目的很简单，就是让业主、媒体和公众明白，之所以出现停电事件，问题的根源并不在于SOHO中国，而是物业公司。

中国如今的物业管理，绝大多数都是开发商把房子建好，再由开发商组建物业管理公司，潘石屹发这样的微博只不过是想避开业主和媒体的视线。

不可否认，潘石屹的博客危机公关取得了一定的效果，但是没有从根本上解决问题，嘉盛中心刚开盘就遭遇自称被骗的20余名业主打着横幅到售楼处劝人不要购买潘石屹所建房子的事情。

可以说，“停电门”事件只是一个导火索，点燃了SOHO中国的一个危机事件。由于SOHO中国对危机事件的不重视，结果使得其品牌美誉度遭到了严重损失。从这个事件中足以看出SOHO中国的危机管理人才的缺乏。

SOHO中国的危机警示中国企业经营者，任何一个企业的危机管理，其核心要素还是取决于企业危机管理人才，正是这部分挽救企业于水火的管理人才造就了伟大的公司。事实证明，人才是企业能够有效化解危机事件的一个重要因素。

确实，危机管理是企业经营活动中不可或缺的一环。在世界500强企业中，绝大多数公司都专门设有危机管理机构，但遗憾的是，在中国上千万家企业里，基本上没有设置危机管理机构。

在很多中国企业经营者眼里，企业危机事件多如牛毛又无法预测，因此设立专门的危机管理机构既浪费钱财，又浪费时间。有这样的想法当然也就不可能储备管理人才了。对此，危机管理专家魏然强调：“事实上，处理危机事件关键在人。面对危机，拥有充足的人力资源是重中之重。”

第二节　危机管理所需的四类人才

由于很多中国企业缺乏专业危机管理人才，再加上对危机管理不重视，这就造成了中国企业在突发危机事件时，其危机应对方案缺乏针对性，往往只是克隆其他公司的应对方法。由于每一个危机事件都不一样，这样应对危机的方法必然危害企业的信誉。

要想避免这样的尴尬问题，企业经营者就必须培养企业所需的危机管理人才。不可否认，这是一个非常棘手的问题。但是培养一大批企业所需的危机事件管理专业高级人才，可以强化企业对危机事件的预防和应对，做到及时修复企业品牌形象，从而减少突发的危机事件对企业造成的损失。这对企业的长远发展而言，具有非常深远的战略意义。

可能读者会问，作为企业经营者，在危机管理人才的培养问题上，到底需要什么类型的人才？

根据危机管理专家的研究，一般危机管理中根据应急管理的不同层次可以把所需人才分为4类，见表21-1。

表21-1　　危机管理所需的4类人才

1. 信息型人才	信息型人才在危机管理中担负着预警工作，主要工作任务是及时、准确、全面搜集信息而且不停地更新和反馈信息，从而更好地发现危机事件的征兆
2. 操作型人才	操作型人才在危机管理中担任重要的角色，他们除要具备专业化的知识、职业化的技巧之外，还要有很强的协同性和整合现场各种资源的能力
3. 监督型人才	在危机管理中，监督型人才的主要工作任务是专门记录和跟踪整个危机事件的处理过程，对危机事件的起因、处理、损失和善后进行正确的评估，然后撰写危机事件应对报告
4. 执行型人才	在危机管理中，执行型人才往往具备很强的专业背景。执行型人才不仅能够领悟企业决策层的危机应对精神，还能将其很好地贯彻下去，更重要的是执行型人才能够从整体上准确把握危机事件的进展，根据危机事件的发展态势有效、迅速、果断地制定出可操作的危机事件应对方案

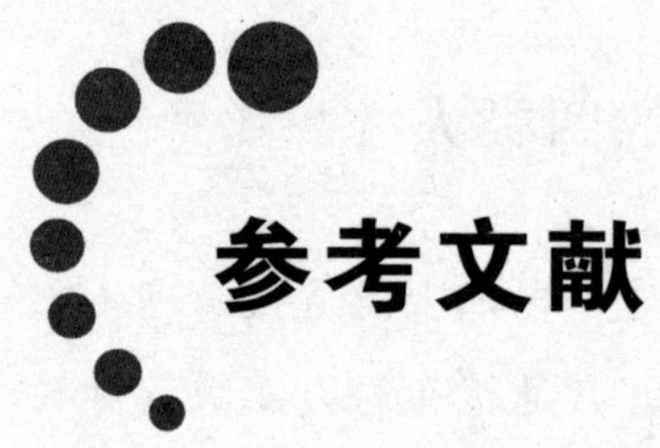

参考文献

[1] 百度百科．史玉柱［EB/OL］．2014. http://baike. baidu. com/view/16308. htm.

[2] 蔡哲远．惟优“秀”者才能生存［J］．南风窗，2002（15）：65.

[3] 博客一句话可引发雪崩［N］．扬州日报，2007-05-31.

[4] 曹樱乔，董祺．危机管理重在预防［EB/OL］．2014. http://www.360doc.com/content/14/0117/12/535749_345927281. shtml.

[5] 陈贺新．中国企业危机调查报告：半数企业处于危机状态［N］．中华工商时报，2004-06-04.

[6] 丹尼尔·迪麦尔．如何将危机转化为商机［J］．IT时代周刊网络版，2013（2）.

[7] 董志勇．企业领导者面对问题时 危机管理意识不可缺少［N］．民营经济报，2004-11-09.

[8] 顾晓安．公司财务预警系统的构建［J］．财经论丛，2000（7）.

[9] 郭惠民．危机管理的公关之道［M］．上海：复旦大学出版社，2006.

[10] 郭惠民. 危机管理　重在防范 [N]. 中国信息报，2006-10-11.

[11] 郭珍. “九头鸟”家族兵变内幕 [J]. 当代经理人，2002 (4).

[12] 何海燕. 危机管理概论 [M]. 北京：首都经济贸易大学出版社，2006.

[13] 核心员工不可替代更需未雨绸缪 [EB/OL]. 2014. http://www.hr163.com/www/18/2012-10/17786.html.

[14] 胡百精. 危机传播管理 [M]. 北京：中国传媒大学出版社，2005.

[15] 胡百精. 中国危机管理报告（第一卷）[M]. 广州：广东南方日报出版社，2006.

[16] 胡百精. 中国危机管理报告 2008—2009 [M]. 北京：中国人民大学出版社，2009.

[17] 黄利潮，张毕西. 企业危机预警中的问题与对策 [J]. 企业改革与管理，2006 (11).

[18] 黄林. 我国中小型企业危机意识的思考 [J]. 中国集体经济，2009 (19).

[19] 居安思危　防患未然　持续发展——首届经济全球化下的企业危机管理国际论坛 [J]. 化工管理，2003 (3).

[20] 李伯圣. 企业财务危机管理 [M]. 北京：社会科学文献出版社，2005.

[21] 李建平. 化解危机首先要态度坦诚 [N]. 新京报，2005-06-30.

[22] 李丽. 中国企业应对网络舆情能力大多不合格 [N]. 中国青年报，2009-09-15.

[23] 李旭红. 零点对京沪两市调查显示：一半企业面临人力资源危机（调查分析）[N]. 市场报，2004-06-15.

[24] 林景新. 中国式企业危机管理 [M]. 广州：广东经济出版社，2007.

[25] 林景新. 企业如何应对“广告门”危机 [N]. 中国证券报，2008-04-21.

[26] 零点公司. 人事危机是企业最经常面临的危机 [J]. 人力资本，2004 (2).

[27] 刘长乐. 企业处理危机要快速并且坦诚 [EB/OL]. 2010. http://finance. sina. com. cn/hy/20101205/16119057161. shtml.

[28] 罗贤春. 企业危机管理的信息机制研究 [M]. 北京：科学出版社，2009.

[29] 马斐. 遇到危机　如何处理 [J]. 中小企业管理与科技 (下旬刊)，2008 (7).

[30] 门窗幕墙企业切忌盲目扩大规模 [EB/OL]. 2014. http://www. chinamendu. com/InformationShow/4907.

[31] 尼康D600掉渣王更换快门组件后　仍旧严重掉渣 [EB/OL]. 2014. http://www. 315online. com/tousu/it/297300. html.

[32] 盘和林. 哈佛危机管理决策分析及经典案例 [M]. 北京：人民出版社，2006.

[33] 庞亚辉. 明星代言时代的企业危机应对策略 [J]. 销售与市场，2007 (5).

[34] 蒲红梅. 危机管理 [M]. 北京：商务印书馆，2007.

[35] 企业家婚变：民企经营新风险 [EB/OL]. 2014. http://finance. ifeng. com/news/industry/20110920/4630338. shtml.

[36] 企业如何应对新闻媒体的负面报道 [EB/OL]. 2013. http://pr. brandcn. com/gongguanmiji/131120_361785. html.

[37] 企业危机应对最重要的是坦诚 [EB/OL]. 2014. http://finance. china. com. cn/roll/20120516/724420. shtml.

[38] 如何应对企业危机 [EB/OL]. 2014. http://www. sjtupmm. com/art—4285. html.

[39] 沈志勇. 从公关危机视角看投诉应对 [EB/OL]. 2014. http://www. cmmo. cn/article-95721-1. html.

[40] 单业才. 企业危机管理与媒体应对 [M]. 北京：清华大学出版

社，2007.

［41］宋养琰. 中国企业家必备的十大意识［EB/OL］. 2015. http://www.weishi66.cn/view.asp? mod=about&itemid=490.

［42］孙继伟. 从危机管理到问题管理［M］. 上海：上海人民出版社，2008.

［43］天津超越摄影器材出售劣质尼康 D600［EB/OL］. 2014. http://www.315online.com/tousu/it/296833.html.

［44］王婕. 企业人才管理：正视危机　为骨干员工流失检讨［EB/OL］. 2014. http://finance.sina.com.cn/leadership/cjzh/20050901/14501935079.shtml.

［45］王启军，王军爱，宫照馥. 高薪下的陷阱［J］. 人力资源开发与管理，2008（12）.

［46］王肖竹. 企业危机预警机制［J］. 商场现代化，2008（31）.

［47］王智宁，吴应宇. 企业如何组建危机管理团队［J］. 中国人力资源开发，2008（8）.

［48］我们从史玉柱身上学到什么［EB/OL］. 2014. http://news.qq.com/a/20071122/001822.htm.

［49］吴厚斌. 专家：欧典事件根源在于品牌中德国分量太重［N］. 华商报，2006-05-25.

［50］吴学安. 不妨给人才备份［N］. 中国青年报，2003-05-12.

［51］徐清，卢山林. 格力电器 30 亿压库 10 个月死线清仓［J］. 理财周报，2008（12）.

［52］徐政科. 浅析我国中小型企业如何留住知识型人才［EB/OL］. 2014. http://www.docin.com/p-509741933.html.

［53］薛澜. 危机管理［M］. 北京：清华大学出版社，2003.

［54］杨剑，吕菲. 做大：民营企业提升自我的全方位指南［M］. 北京：中华工商联合出版社，2005.

［55］杨连柱. 史玉柱如是说［M］. 北京：中国经济出版社，2008.

[56] 叶秉喜，庞亚辉．考验——危机管理定乾坤［M］．北京：电子工业出版社，2005.

[57] 叶桂楠，庞亚辉．2005 年在华跨国公司 10 大公关危机点评［J］．IT 时代周刊，2006 (4).

[58] 展知．危机管理，中国政商的软肋［J］．世界经理人，2011 (12).

[59] 张凤娜，张进．财务失败预警分析［J］．现代会计，2001 (1).

[60] 张家麟．惶者生存：企业危机管理智慧［M］．北京：北京东方影音公司，2010.

[61] 张锐．日本电器的中国［J］．南风窗，2006 (5).

[62] 张新民等．企业财务报表分析［M］．北京：中国对外经济贸易出版社，1996.

[63] 张旭．危机管理：重在预防与处理［N］．中国医药报，2006-04-06.

[64] 张钰芸．尼康 D600 拍出照片黑斑点点［N］．新民晚报，2014-03-16.

[65] 章振东．试论中小企业财务管理现状、成因及对策［J］．湖南财经高等专科学校学报，2004 (1).

[66] 中国民营企业死亡全书［J］．科学投资，2003 (11).

[67] 周春生．企业风险与危机管理［M］．北京：北京大学出版社，2007.

[68] 朱剑平，王春．亚星化学山东海龙陨落　大股东“抽血”不断［N］．上海证券报，2012-09-25.

[69] 朱立毅，沈雁．索尼 6 个型号 30 个批次的数码相机均存在质量问题［N］．新华日报，2005-12-13.

[70] 左蕾．明星代言人的选择及危机管理［J］．中小企业管理与科技，2009 (19).

后 记

在每天的媒体报道上，我们经常能看到媒体关于企业危机事件的报道。塑化剂风波、毒胶囊事件、“7·23”动车事故、锦湖轮胎制造质量危机、富士康工厂品牌危机、三鹿毒奶粉事件、丰田汽车零部件召回事件、尼康问题相机事件、沃尔玛过期食品危机……

在这些危机事件的背后，我们看到了中国政府对危及公众利益的事件的惩治力度的加大，公众维权意识以及媒体传播力度和广度的空前提高，同时也看到大部分企业对危机的预警不到位、不及时，危机处理经验缺乏，训练有素的危机管理人员不足。这些危机事件足以说明危机管理已经成为中国企业一个急需解决的问题，已经成为当今企业生存与发展的一堂必修课。

面对众多危机事件，企业经营者如何应对危机是最棘手、最为关键的问题。企业的任何一个突发事件的危害都是巨大的，绝对不可小觑，因为危机的危害之深远、影响之广泛，实为企业经营者个人无法承受之重。因此，企业经营者在制定科学决策、搞好常规管理工作的同时，还必须时刻注意和特别防范突发事件的发生。这样才能把企业做强做精，甚至发展壮大，成为“百年老店”。在这个过程中，除了凭借人才、技术、产品、营销等核心竞争力指标外，危机管理不可或缺。

事实证明，只有危机管理完善的企业，才有可能做成“百年老店”。可是，由于一些企业经营者常常缺乏危机意识，在应对危机事件时，总是花钱了事或者沉默不语，这样的应对方法往往事与愿违，很多企业在“创建百年老店”的口号声中不幸倒闭了。

为了有效地剖析危机管理，本书介绍了危机管理的积极作用和常见的危机类型以及危机管理方法。在撰写本书的过程中，我采访了上百家企业的经营者，期望本书能成为更多企业经营者的参考范本。

这里，感谢《财富商学院书系》《火凤凰财经书系》的优秀人员，他们也参与了本书的前期策划、市场论证、资料搜集、书稿校对、文字修改、图表制作。

以下人员对本书的完成亦有贡献，在此一并感谢：简再飞、周芝琴、周梅梅、吴旭芳、吴江龙 、吴草男、赵丽蓉、周斌、张著书、周凤琴、周玲玲、金易、何庆、李嘉燕、陈德生、丁芸芸、徐思、李艾丽、李言、黄坤山、李文强、陈放、赵晓棠、熊娜、苟斌、佘玮、欧阳春梅、文淑霞、占小红、史霞、杨丹萍、沈娟、刘炳全、吴雨来、王建、庞志东、姚信誉、周晶晶、蔡跃、姜玲玲等。

任何一本书的写作都是建立在许多人的研究成果基础之上。在写作过程中，我参阅了相关资料，包括电视栏目、网络、图书、报纸、杂志等资料，所参考的文献，凡属专门引述的，我尽可能地注明了出处。我在此向有关文献的作者表示衷心的感谢！如有疏漏之处还望原谅。

本书在出版过程中得到了许多教授、危机管理专家、企业老板、企业研究专家、职业经理人、媒体朋友、人力资源管理专家、业内人士以及出版社编辑的大力支持和热心帮助，在此致以衷心的感谢。由于时间仓促，书中难免存在纰漏，欢迎读者批评指正，在此深表谢意（E-mail：zhouyusi@sina.com.cn）。

周锡冰

图书在版编目（CIP）数据

互联网+时代的企业危机管理/周锡冰著. —北京：中国人民大学出版社，2017.5
ISBN 978-7-300-24270-5

Ⅰ.①互… Ⅱ.①周… Ⅲ.①企业危机-企业经营管理 Ⅳ.①F272.35

中国版本图书馆 CIP 数据核字（2017）第 057900 号

互联网+时代的企业危机管理
周锡冰　著
Hulianwang+ Shidai de Qiye Weiji Guanli

出版发行	中国人民大学出版社		
社　　址	北京中关村大街 31 号	**邮政编码**	100080
电　　话	010－62511242（总编室）		010－62511770（质管部）
	010－82501766（邮购部）		010－62514148（门市部）
	010－62515195（发行公司）		010－62515275（盗版举报）
网　　址	http://www.crup.com.cn		
经　　销	新华书店		
印　　刷	天津中印联印务有限公司		
规　　格	170 mm×240 mm　16 开本	**版　　次**	2017 年 5 月第 1 版
印　　张	14 插页 1	**印　　次**	2023 年 3 月第 2 次印刷
字　　数	193 000	**定　　价**	56.00 元